一本商业银行员工关于领导力的书

管理实践手记

陈金兴◎编著

中国财经出版传媒集团
中国财政经济出版社

图书在版编目(CIP)数据

管理实践手记/陈金兴编著.—北京：中国财政经济出版社，2019.6
ISBN 978-7-5095-8942-7

Ⅰ.①管…　Ⅱ.①陈…　Ⅲ.①管理学-研究　Ⅳ.①C93

中国版本图书馆CIP数据核字（2019）第060450号

责任编辑：马　真　　　　　　　责任印制：刘春年
责任校对：张　凡　　　　　　　封面设计：陈宇琰

中国财政经济出版社 出版

URL：http://www.cfeph.cn

E-mail：cfeph@cfemg.cn

（版权所有　翻印必究）

社址：北京市海淀区阜成路甲28号　邮政编码：100142
营销中心电话：010-88191537
中煤（北京）印务有限公司印装　各地新华书店经销
710×1000毫米　16开　13.75印张　183 000字
2019年6月第1版　2019年6月北京第1次印刷
定价：58.00元
ISBN 978-7-5095-8942-7
（图书出现印装问题，本社负责调换）
本社质量投诉电话：010-88190744
打击盗版举报热线：010-88191661　QQ：2242791300

序言

管理大师彼得·德鲁克认为："管理是一门学科，管理人员付诸实践的是管理学。管理在不同的组织里会有一些差异。因为使命决定远景，远景决定结构。所有组织管理者，都要面对决策，而人的问题几乎是一样的。所有组织的管理者面对沟通问题。所有组织中，90%左右的问题是共同的，不同的只有10%，只有10%需要适应这个组织特定的使命、特定的文化和特定的语言。"

关于领导力和管理的话题，西方国家学者和企业管理者研究思考和实践经验都比较多，值得我们学习。我国古代的《道德经》《论语》《易经》和《孙子兵法》等经典无不散发出东方人的智慧和管理思想。新加坡前总理李光耀曾说过，儒家思想深深影响着东方人的言行思想，是我们的精神支柱。中国的《孙子兵法》还成了美国西点军校许多学员的"教科书"。"兵者，国之大事，死生之地，存亡之道，不可不察也。"《孙子兵法》主要是关于军事的，沁透诸多核心的领导力和管理思想，与商业竞争和企业管理相通相承。《孙子兵法》十三篇中，孙子所讲的道，就是我们今天所讲的企业愿景和价值观；天，就是宏观形势；地，就是市场环境；将，就是管理者如何带好团队；法，就是制度和管理。我党我军以毛泽东为代表的一批优秀共产人的领导力和管理思想值得学习研究。尤其近年来，中国的企业家和学者也在不断实践的同时开始注重思考和总结中国企业自己的成长模式和中国特色的管理思想和方法。比如华为、百度、阿里、腾讯、京东等优秀公司和国内市场化相对较高的股份制商业银行一直在学习探索适合自己的管理之道。

笔者大学毕业后携笔从戎从基层管理做起，有20余年武警部队管理工作实践，先后担任武警福州指挥学院政治部副主任、武警南平市支队政委兼党委书记、武警福建总队组织处长等职。曾经把一个1300多人武警支队（团）带成了先进支队（团）。2009年转业到兴业银行这个全球银行30强、世界500强企业的股份制商业银行至今10年，一直从事管理实践工作。目前担任兴业银行北京分行的人事监察部总经理，主要从事人力资源管理工作。由于工作需要阅读了大量古今中外管理书籍，一直努力思考和实践接地气的管理方式和方法。

2018年是一个特别的年份，我国改革开放40年，兴业银行迎来了建行30周年。2018年3月，我参加兴业银行总行举办的"星蓝璀璨第四期中层干部领导力培训"，进一步引发了我对领导力和日常管理工作实践的思考与探索。"一个人走可以走得快，一群人一起走才能走得远。"几个月的线上线下培训与大家一路同行，无论是线上微课、线下老师的辅导，还是学习交流微信群管理实践交流分享和TED演讲，让我学到了看问题的不同维度和视角，学到了解决问题不同的方法和思路。"星蓝璀璨领导力学习培训"给予我们的不仅仅是领导力工具，还有思维的跃升和思想的引领。2018年8月，我还参加了兴业银行"兴火动力"高阶人力资源管理者培养项目，这又是一次学习、成长、蜕变的过程，进一步唤醒和激发了我曾经的管理实践经验与思考。借此机会，感谢兴业银行总行领导和北京分行行长张霆等领导的培养及同事们的支持。感谢兴业银行人力资源部、处领导，感谢柯楷、陈晓虹、何双钢、吴薇、张健华、陈李剑、朱金源、张瑞芬、王苏、江丹、张冠榕、杨耀华、张煌、余宣霖、沙晓春、王俊华和张磊等老师，感谢星蓝的伙伴。感谢清华大学五道口金融学院王宏和王博洋老师，感谢清华大学五道口金融学院首席人力资源官"CHO"班的同学们。思想碰撞、智慧激荡让我收获良多。

管理有章法无定法。难在因人而异，贵在用得其所。管理是科学，也是艺术，更是实践。我用一年多的业余时间编写了本书，目的是想把平时学习思考、工作实践和参加"星蓝璀璨领导力培训"及各种论坛讲座等所学领导力工具和管理学知识进行梳理汇集。把自己多年来的一些管理实践经验和体会，尤其学到的看问题的不同维度和视角，想到的解决问题的具体方法和思路借本书分享给大家。主要阐述四个问题：管理是什么？管理实践我们做了什么？为什么？怎么办？希望对商业银行、企事业单位的管理人员以及职场中的广大员工有参考价值，帮助大家提升管理和带团队的能力。

本书编写的内容源于日常工作和管理实践的各个方面，既有管理的宏观层面，更主要是管理涉及的操作微观层面的思考与体会。直面管理中遇到的问题和痛点，力求探求解决的思路和办法。因此以管理实践手记的形式呈现，面向实践、面向问题、面向未来。由于本人长期在基层从事管理和服务的实操工作，对管理和领导力的实践和思考大多停留在表层，疏漏、偏颇和错误在所难免，欢迎各位读者批评指正。

本书管理实践内容分为七个部分，即七章：第一章 领导之道；第二章 自我管理；第三章 培养下属；第四章 向上沟通；第五章 人力资源；第六章 绩效提升；第七章 拥抱变化。每章内容按照第一部分为相关定义和理论概述、第二部分为管理实践、第三部分为他山之石的逻辑顺序，力求把领导力和管理方面的内容表述得具体化、可操作。

当今世界每天都在发生变化，唯一不变的就是变化。这是一个新的时代，这是一个移动互联的时代，这是一个创变的时代。知识更新、技术迭代。互联网+、物联网、5G和人工智能等扑面而来，商业银行正面临前所未有的创新与变革。作为股份制商业银行的员工，我们正面临着宏观环境、监管政策、商业模式、组织方式和管理模式的变化与挑战，在此背景下，无论是管理者还是普通员工都要经常面对如何管理好自己的情绪、时间和压力，如何进行科学有序的管理实践，如何带领团队应对变革、创造价值和业绩，如何引导员工平衡工作和生活等等。当我们遇到管理方面的棘手问题时，学会问自己几个问题：这件事的意义是什么？这件事背后的原因（投影源）是什么？这件事有没有更好的解决办法？这件事我需要做什么，能做什么？这件事是否向领导和上级汇报以及请求帮助？有了问题也就会有答案。

"管理没有永恒的答案，只有永恒的追问。"北京北森睿正人才管理咨询有限公司谢健乔这一观点我很赞同。以勤为经，变无不通。"合抱之本，生于毫末；九层之台，起于累土；千里之行，始于足下。"

国家主席习近平2019年新年贺词："我们都在努力奔跑，我们都是追梦人。"让我们在管理实践中不断思考与探索，努力实现思维的跃升和管理的落地，与时光同行，与员工和企业一起成长

作者

2019年春天于北京

第一章 领导之道 / 1

1. 组织的价值 / 6
2. 有效沟通 / 10
3. 管理就像居家过日子 / 12
4. 微激励 / 14
5. 激励和约束 / 16
6. 教练技术与赋能 / 18
7. 荷花定律与南风效应 / 21
8. 危机管理 / 23

他山之石——员工预期管理 / 27

他山之石——员工赋能,激发无限可能 / 30

第二章 自我管理 / 32

1. 时间管理 / 36
2. 与压力共舞 / 38
3. 情商管理 / 41

4. 第三通道陷阱 / 44

5. 原始信念 / 47

6. 意识流明 / 49

7. 阳光分享活动 / 51

他山之石——平衡之美，跳好人生芭蕾 / 53

第三章　培养下属 / 55

1. "90后"与"95后" / 58

2. 老员工 / 61

3. 特殊员工 / 63

4. 职业倦怠 / 66

5. 离职 / 69

他山之石——带团队，要多为员工着想 / 71

他山之石——运用同理心，激发员工热情 / 74

第四章　向上沟通 / 77

1. 重视向上沟通 / 82

2. 向上沟通之正职篇 / 84

3. 向上沟通之副职篇 / 86

4. 平衡与灰度 / 88

5. 平行部门的沟通与协调 / 90

他山之石——向上管理 / 92

第五章　人力资源 / 94

　　1. 人力资源工作实践与探索 / 97

　　2. 人力资源数据分析 / 102

　　3. 人才队伍建设 / 105

　　4. 招聘与面试 / 108

　　5. 岗位分析及关键岗位序列 / 115

　　6. 背景调查 / 117

　　7. 劳资纠纷处理与防范 / 119

　　8. HR三支柱 / 122

　　他山之石——阿里的政委 / 125

第六章　绩效提升 / 127

　　1. 以客户为中心 / 131

　　2. 营销篇 / 134

　　3. 如何打造超卓团队？/ 137

　　4. 培训如何急业务所急？/ 141

　　5. 薪酬激励 / 146

　　他山之石——不忘初心，无问西东 / 149

　　他山之石——浅谈直销管理 / 152

第七章　拥抱变化 / 155

　　1. 企业文化 / 159

　　2. 企业战略 / 163

3.组织的变革与优化 / 167

4.金融+科技 / 170

5.坚守与改变 / 173

他山之石——直面变化　拥抱变革 / 176

他山之石——FICC业务助力实体经济 / 180

附　录　实践课题：如何激发一线团队负责人的内生动力？ / 184

第一章 领导之道

什么是领导（Lead）？百度百科给出的定义是：领导是在一定条件下，指导和影响个人或组织，实现某种目标的行为过程。其中，把实施指引和影响的人称为领导者，把接受指导和影响的人称为被领导者。领导的本质是人与人之间的一种互动过程。

实际工作中，管理者常常被称为领导。因此，领导既可以是动词也可以是名词。在商业银行和企事业单位中，小至班组长、业务主管、团队负责人，大至总经理、行长、董事长都可以被称为管理者或者领导（Leader）。管理者要从人性出发，要懂得尊重人性，坚持以人为本，不断激发员工向善的力量。

领导力（Leadership）是组织力和影响力，是指在管辖的范围内充分地利用人力和客观条件以一定的成本办成所需的事，提高团体办事效率的能力。领导力是管理者的个体素质、思维方式、实践经验以及领导方法的集中体现，是管理者凭借其个人特质的综合作用在一定条件下对特定个人或组织所产生的人格凝聚力和感召力，是保持组织及组织成员卓越成长和可持续发展的重要驱动力，是管理者素质的核心。管理人员或者领导的管理实践的领导力、管理思维、科学方法和基本遵循可以称之为领导之道。当今时代，领导力已经成为综合领导能力不可缺少的重要因素之一。

中央财经大学商学院和北京北森睿正人才管理咨询有限公司组成的中财—睿正联合研究团队认为，所谓的领导力，是管理者在工作中呈现出来的相对稳定的行为模式的集合，它是在工作中，通过一系列的经历和锻炼逐步形成的，吸收了知识和技能以及特质等要素而最终的外在呈现，直接指向最终的绩效。中财—睿正联合研究团队对睿正2010-2018年开展的250多个金融行业管理者人才管理项目的领导力测评数据进行统计分析，在数据整合中，为了将不同的企业不同的用人标准进行统一，能够进行数据整合比较，他们对同一类型的能力进行归并和总结，将大家普遍关注的胜任力分为三个方面，共八个项目，分别是：一是自我驱动。包括追求卓越、系统思维和学习提升。在不断变化的环境中，自我驱动能力有助于帮助管理者保有高昂的斗志，并具备理解市场与接受新生事物、在不确定条件下进行分析和判断的能力。二是管理事务。包括创新变革和执行推动。在既定规则下高效率执行任务以及不满足于现状，付诸精力，不拘泥于过去的条条框框，对现有经营和管理提出优化建议并进行落地改善的能力。三是管理他人。包括人际关系、沟通协调和团队管理。管理他人的能力集中表现为建立在人际关系基础上的良好沟通协调，以及最终达成团队成长、塑造良好团队氛围的能力。

中财—睿正联合研究团队通过研究还发现，金融业管理者领导力模型具有以下特点：一是创新变革能力能较好地预测金融企业各层级管理者的职业成功。二是随着管理层级提升，基层—中层—中高层管理者领导力关键素质项循着"执行—人际—变革"的路径变化，这与不同层级管理者的主要职责和面对的关键挑战相呼应。三是团队管理能力是中层管理者的短板，结合新生代调研发现，金融企业需注意培养中层管理者的团队管理能力。

领导力不是权力，而是一种关键能力。领导力，不仅仅是当领导才需要。脸书（Facebook）公司首席运营官谢丽尔·桑德伯格（Sheryl Sandberg）在清华大学经济管理学院一次毕业典礼的演讲中，引用了哈佛商学院弗朗西斯·福雷教授的话：领导力表现在，因为你的存在能使他人变得更好，而且当你不在的时候你的影响力还能一直持续。所以，领导力就是能让自己和这个世界变得更好的影响力。它与性格无关，也就是说，哪怕是一个内向、羞怯的人，也应当具备领导力——能让你在生活和工作中，为自己和他人带来正面影响的能力。

德鲁克说，领导力就是把一个人的精神境界提到前所未有的高度，把一个人的责任心提到前所未有的高度，然后才能把一个人的潜力、持续的创新动力开发出来，让他做出自己以前想都不敢想的那种成就。领导力本身的定义是有人跟随，有人跟随你，你就是领导。最重要的，就是你把人领导到什么方向上。

美国领导力专家约翰·马克斯维尔在《领导力21法则》一书中写道:"凡事兴衰成败皆系于领导力,可能有些人不相信这句话,但它是千真万确的。在生活中越努力,你就越能发现领导力的作用。任何与他人交往的事业的成败都取决于你的领导力水平。在你努力发展组织的时候,请记住这些:人才决定组织的潜力;关系决定组织的士气;结构决定组织的规模;目标决定组织的方向;领导决定组织的成败。"

曾被誉为"全球第一CEO"的杰克·韦尔奇曾说:"对企业而言,领导比战略更重要。杰出的领导能够改变历史,把企业带向成功。"他说:"领导艺术只与人有关。要选到优秀的员工,并有效地培养发展他们。我1/3以上的时间是用来思考如何培养领导力人才的!"韦尔奇认为,领导力思维最关键的是4E+1P,即活力(Energy)、鼓舞力(Energize)、执行力(Execute)、决断力(Edge)和激情(Passion)。

各级领导除专业能力外,其通用能力主要是领导力,包括沟通能力、辅导下属的能力、自控力、洞察力、穿透力、协同力和危机管理能力以及情商管理的能力,还有独到的眼光和虚怀若谷的胸怀等。张健华老师在兴业银行集团星蓝璀璨中级领导力培训课上讲到的领导之道主要为两个部分:第一部分是认识领导力。领导力等于影响力。成功领导的"三要素":言行一致、启导他人、拥抱反馈。团队负责人领导力相当于盖子,决定了该团队所能达到的高度。领导力是可以后天培养的,需日积月累,非一日之功。第二部分是提升领导力。一是自律。孔子曰:"其身正,不令而行;其身不正,虽令不从。"作为管理者要不断增强自己的意志力。要有控制自己的注意力、情绪和欲望的能力,做到以身作则。要全身心投入工作,坚持价值观引领,期待下属做的自己首先做到。能比较自如地驾驭"我要做""我不要"和"我想要"这三种力量。二是增信。合作基于信任。互相理解互相支持增进团队的信任。信任来源于品格、感情和理性,来源于理解自己、理解他人。增信如何落地?可以通过与下属或团队成员建立情感账户,了解下属,真诚沟通，互帮互助，多进行情感账户的"存款"，尽量不从情感账户"取款"，避免情感账户"透支"，日积月累，壮大情感账户，增进彼此信任。三是赋能。"赋能"顾名思义，就是给谁赋予某种能力和能量，通俗来讲就是，你本身不能，但我使你能。它最早是心理学中的词汇，旨在通过言行、态度、环境的改变给予他人正能量。赋能这个词用在管理学中，是指企业由上而下地释放权力，尤其是员工们自主工作的权力，从而通过去中心化的方式驱动企业组织扁平化，最大限度发挥个人才智和潜能。比如，京东在2016年提出"授权、赋能、激活"的管理主体，其中的"赋能"就是赋能于人，让战斗在一线的人会决策、敢于决策，让更多的业务领军人才脱颖而出。刘强东还亲自培训京东的管理培训生，对他们进行赋能。实际工作中，应该怎么赋能和帮助下属成长？我们认为，压担子、给机会、教方法、勤指导、予反馈、多赞赏。作为领导对员工赋能可以问三个问题：我有什么可以帮你的？你打算怎么做？你有没有思考或观察别人会怎么做？检验赋能是否有效，主要看能否让人产生积极心态，能否发挥下属个人的才智和潜能，能否调动大家的积极性。

"海不辞水，故能成其大；山不辞土石，故能成其高"。国家电网物资公司总经理林荣卫认为，作为企业管理干部要心中向善、目中有人、口中有德。领导要培养下属，关心和帮助下属成长。领导只有关注他人成长，他人才会甘愿追随，组织才能良性循环。

1. 组织的价值

这几年，我每年都要面试几百名应聘者。经常思考雇主品牌建设和组织价值的问题。员工为什么要选择应聘到一个单位工作？因为单位这个组织平台对员工有价值或者说能够帮助员工实现自我价值。

"组织是个整体，包含了三层意思：个体的选择、群体的影响和组织给予的责任。"组织平台究竟有什么价值？单位为员工提工了什么样的平台和组织支持？我认为有以下几种：分配的价值（薪酬福利）、信息的价值、赋能的价值、职业机会与个人成长的价值、公司品牌和头衔的价值、单位平台背书的价值、智慧集合碰撞的价值、分工合作互学互助的价值、支持服务的价值、文化价值观引领的价值等。而员工个体的价值有：劳动的价值、创造的价值、为组织和同事贡献个体智慧的价值、帮助和启发他人的价值、员工的社会资源的价值等。企业组织是一个由管理人员、员工组成并遵循一定的文化价值观且按照一系列内外部的规章制度管理运行的机构。本质是通过一系列方法工具，实现组织的战略目标，同时实现管理者和员工的自我价值。组织氛围、组织架构、组织活力对员工来说都很重要。

市场的竞争，某种程度就是人才的竞争。如何吸引人、培养人、留住人，为想干事、能干事的人创造好的平台环境，是一个企业发展的永恒主题。尤其在当今易变、不确定、复杂和模糊的VUCA时代，战略生态化、组织平台化和人才合伙化渐成趋势，需要我们不断思考组织、人才和组织与人才的关系。华为的"三个一切"（一切为了前线、一切为了业务、一切为了胜利）成为很多企业学习的标杆。中人网曹渊勇认为："通过研究企业的元动力、胜任力、生产力、驱动力，提高企业战斗力，激发组织活力、提升管理者水平，吸纳、激励和保留核心人才。"组织良性的状态应当是单位和员工互相成就。个体回到真实能动的自我，组织创建良好氛围，持续实现目标获得高绩效。一个好的组织应该是持续发展的组织、开放包容的组织、有温度的组织、绽放人性的组织，是与员工分享发展成果的组织，是让员工有获得感、幸福感的组织。

北京大学教授陈春花曾说过："现在的确是一个英雄辈出的时代，我们现在看到很多年轻人实际上是非常非常强大的。但是，还有一个很重要的部分就是一定要集合智慧，我们要让更多的人在一个更强的组织当中发挥作用，我们才可以应对不确定性和拥有美好的未来。"

2018年9月20日，我应邀参加清华大学经济管理学院大学生暑期社会实践总结会。2018年暑假，清华大学经管学院七字班本科生暑期社会实践共成立26个支队，其中海外支队远赴印度尼西亚，国内支队覆盖国内大部分地区，尤其是欠发达地区。实践内容涉及山东精准扶贫、广西小额信贷、甘肃乡村振兴、青海民办教育、四川研学基地建设、创新创业、边关口岸发展等，覆盖学院211名同学。实践归来，所有支队都写了学术报告。这些报告只是同学们实践收获的一个缩影，也是未来经世济民的一个起点。看到清华学子暑期社会实践优秀成果集，深深感受到了他们"创造知识，培育领袖，贡献中国，影响世界"的使命感和社会责任感。同时也意识到，组织自身只有不断进化，才能吸纳和留住优秀人才。

现在人才对组织的依赖越来越低，组织对人才的依赖越来越高。作为企业组织不但要想方设法提高对客户的黏性，也要想方设法提高对员工尤其是关键人才的黏性。如何发挥组织平台对员工个体的支持和激发作用？中国目前唯一管理过四个世界500强公司（华润、中粮、中化和中国化工）的CEO宁高宁，是一位非常具有影响力的中国企业家。宁高宁在《清华管理评论》杂志上发表了一篇文章，主题是企业创新转型的动力系统。在文章中，宁高宁提出，要通过建立科学的"动力系统"，来最大限度满足员工的内在需求，最大可能激发员工的动机，让他们有足够动力来进行工作和创新。他把企业创新的动力系统，归纳为四个具有递进关系的要素，分别是：原始动力系统、立体动力系统、职业动力系统和信仰动力系统。

所谓原始动力系统，从企业管理角度说，就是"严格纪律约束下简单直接的物质激励"。比如计件工资制度。这种动力系统在早年的制造业中很流行，因为它可以形成简单直接的激励。但是，"从推动创新能力角度来看，原始动力系统是最弱的"，因为这种系统更加强调纪律性而不是创造性。

立体动力系统，指的是公司设计出多维度、系统化的激励机制以及多种激励和奖惩手段来满足员工的多样化需求。这些需求包括安全需求、社交需求、成就需求等。但是，立体动力系统的主要激励形式，仍然是物质激励。立体动力系统引入了目标、业绩、评价、奖励等现代管理手段，同时考虑到长期利益和短期收益，因此被很多人认为是符合现代经济人特征的企业激励体系。宁高宁认为，这个动力系统对推动创新的作用仍然不明显。因为，只要仍然依赖物质激励，就会导致"员工依然会较为重视中短期可预期的物质回报，很少愿意为了较长周期和较大风险的企业创新工作投入时间、精力和资源"。

职业动力系统。从员工需求角度来讲，职业动力系统主要满足的是自我尊重和认可的需求；从管理角度来讲，主要以精神激励手段为主，比如荣誉激励、信任激励和授权激励。必须要注意的是，职业动力系统必须建立在物质回报的基础上。按照宁高宁的观察，当人的收入达到一定程度之后，对当下收入的关注程度会下降，这时候更多体现出的就是类似于自我挑战、自我探索等追求。如果一个组织中有职业追求的员工很多，那么，这个组织就具备了更多的创新可能性。

　　信仰动力系统。从管理角度来看，信仰动力系统对企业文化要求很高。宁高宁的解释是："信仰通常表现为一种强烈的信念，乃至一种对某个事物的固执信任。在企业里也可以理解为一种情怀、格局、价值观，愿意用较长时间的投入去实现一个更大的追求，让自己的人生经历更丰富多彩、更有意义。"在他看来，信仰动力系统在推动创新上的作用也是最强的。

2. 有效沟通

沟通是指用语言符号或非语言如眼神、手势等进行的信息交流。"沟"者渠也,"通"者连也。"沟通"本身的意思就是借助各种渠道使双方(与对方)能够通连。有效沟通主要是沟通双方信息发送、接收和交换、互动的过程。

在管理工作和日常生活中,沟通无处不在。良好沟通是成就事业乃至人生的首要能力。许多团队负责人包括笔者在沟通方面还是比较简单粗放,甚至误以为以身作则把事做好就可以了。其实,高效的团队源于有效的沟通。不会沟通的领导是不称职的管理者。最近在工作中笔者有意识地把所学的用心沟通、换位思考等沟通技巧应用到管理实践中。一是布置安排工作时不再是简单的三言两语,而是说清楚任务名称和具体要求、完成时间节点和注意事项。说完后除了让员工重复一遍我所布置交代的任务、完成具体时间,还让员工说说打算怎么做、有什么想法及建议等。在员工执行过程中也不再是不闻不问,而是通过询问是否遇到困难、需不需要帮忙协调等对进展情况加以跟踪管理。及时协调处理例外情况,做好"神补刀"。二是平时工作中不再面无表情一脸严肃,特别是与员工沟通时尽量面带微笑。微笑、真诚和倾听是有效沟通的"神器",确实能够激发员工的潜能和工作热情。有效沟通因人因事而异,但态度是前提,由衷的赞赏能增加员工的信心。你给员工一点阳光,员工还你一片晴天。三是要善于倾听。与员工谈话沟通时不垄断谈话,用心沟通,同理心倾听,平等交流。当员工讲话时不打断、不反驳,适时给予一定的反应和反馈。四是对员工以表扬赞美为主。比如主持召开部门工作例会时,对做得好的科室、个人和完成任务的亮点、背后的逻辑和员工配合协作及辛勤付出在会上进行表扬。表扬赞美做到公开、即时、具体和坦诚。批评则一般在一对一的私下场合,批评时先肯定过去,责备现在没做好的具体事项,并提出希望和要求,相信员工将来用心和下功夫一定能做好。为了烘托气氛,有时开会还让科室负责人用阳光分享的方法表扬赞美其他科室和员工的工作和无私协作配合等,通过点滴的尝试和日积月累的努力,营造部门的良好工作氛围。

前不久,一位支行长向我咨询:"我们支行零售负责人是从其他商业银行过来的老同志,有一定的业务经验。他的优点是正直、懂业务、有资源及敢说敢做,缺点就是不太适应股份制商业银行的节奏,很多业务无法独立完成,需要一个年轻人一起搭档。之前的支行长足够强势而且年纪相当。那位老支行长调走后,我被新任命为这个支行的支行长但资历浅年纪轻。感觉管理和沟通很有难度,支行的各项工作没法完全地执行到位。像这种情况你有没有遇到过?求办法、请支招!"我的回答是:"一是应与这位其他银行过来的零售负责人进行有效沟通,肯定他专业素质过硬、为人正直且有资源,是有职业素养的专业人才,并说明自己年轻有很多工作需要他支持和提点,同时介绍股份制商业银行尤其我们行内部制度规范、工作流程和以专业能力和综合业绩论英雄的企业文化,最后谈公私联动的方案设想。适时请他吃饭,找几个同事和他要好的朋友陪同,敞开心扉深入谈心、交心。二是要适时在上级零售业务管理部门和支行员工中表扬这位零售负责人的品德和专业素养。三是通过公私联动给他介绍业务,帮其获得实质性的业绩等。四是不与之争利,对资源配置分配方面给予倾斜和明示。五是外出适当授权,并在公开场合给予尊重和表扬。此外,还要关心他的家庭,帮助解决实际困难等。通过一段时间的磨合,事件的考验,经验的累积,相信双方一起配合、磨合和努力,日积月累定有效果。"

3. 管理就像居家过日子

最近，部门又有一名员工提交了辞职申请。我感到很突然，心里有点纳闷：我平时对大家挺好的，而且还把升维赋能、培养激励、阳光分享等领导力工具恰当应用到管理实践之中，效果良好，部门的氛围也很融洽。为什么他还要辞职？通过谈话沟通了解到，他辞职的原因主要是老婆孩子在国外，他已经找到了可以经常去国外出差的工作。"铁打的营盘流水的兵"。员工离职后补充新员工进来，有些管理工作还要从头再来。管理实践任重而道远。

管理工作就像居家过日子，贵在用心，难在反复，重在经常。

一是用心抓、抓用心。领导对工作用心，才能知道并带动员工用心。领导对员工用心，员工才能对工作尽心。约翰·C.马克斯维尔在《领导力21法则》中提到："引领自己，要用脑；引领别人，要用心。"

二是反复抓、抓反复。反复抓和抓反复是辩证统一的关系。反复抓是对工作进行不断地、持续地强调和强化，尤其是一些重要的工作必须反复强调反复进行过程管理才能落到实处取得预期效果。抓反复是为了解决反复抓过程中出现的问题。对工作中的一些问题，通过我们反复地强调，问题得到了解决，工作得到了推进，但是，时隔不久，同样的问题可能又会发生，有时往年的问题今年遇到适合的"土壤"又会发生，或者是甲部门的问题又在乙部门重演，或者老员工离职了，刚入职或上岗的新员工又会犯同样的错误等等，这就需要我们反复抓、抓反复。反复抓、抓反复，是实现管理波浪式前进、螺旋式上升的必要手段，

三是经常抓、抓经常。过日子开门七件事：柴米油盐酱醋茶。管理也一样无非是各种管理方法手段反复实践，经常思考总结和改进，进而不断提升管理水准。经常抓、抓经常就是把管理当成经常性基础性的工作，日、周、月、季、年，周而复始，常做常新，长抓不懈，日进为功。

4. 微激励

近日，我们部门刚入行不到一年负责培训工作的员工小邱通过日常事务审批向我提交了请两天事假的申请，我看了立即把日审退了回去，并把小邱叫到办公室询问请假的原因。小邱以为我不批准请假，一脸焦急地说："领导，我知道最近咱们部门工作很忙，这个时候请假欠妥，可我母亲生病住院，我想回山东老家照顾两天，实在不好意思。"我立即回应说："家里有事请两天假很正常，况且还是为了照顾生病的母亲，孝心值得点赞。你平时工作认真负责加班加点，五月份有两个周末三个晚上都加班做培训，本来让你及时调休你都没有调休。我把请假日审退给你，并不是不批准请假，而是算你两个周末的加班调休，回山东老家不用请事假。同时请代我问你家人好，祝你母亲早日康复。"小邱的脸立即多云转晴，连连点头道谢离开了我的办公室。这件事让我体会到，对员工的激励是管理实践中很重要的工具，是调动员工积极性的有效措施。激励得当且及时往往起到事半功倍的效果。

我进一步思考认为：一是要量身订制地对个体员工进行针对性激励。一提激励大多数人都会想到钱。其实团队负责人手中并没有掌握那么多的物质资源，而且现实中钱也不能解决所有问题。团队负责人更多的激励是精神激励，是对员工的关心和工作的认可，是激发员工的潜能和善意。激励难在因人而异，贵在用得其所。员工的个性化需求就是我们团队负责人激励的标的。比如，有的员工工作任劳任怨，需要的是领导肯定和表扬的一句话；有的员工经常加班加点，努力做出成绩，需要的是一次评优调级的机会；有的员工买房装修，在申请信用贷款时需要的是领导的担保；有的员工需要的是给时间休年假外出一次旅行。二是要及时正向反馈和激励。海豚表演节目成功后都能及时得到食物奖励，这是管理实践反复证明的行之有效的及时正向反馈法。因此及时激励效果最佳。比如，北京分行绩效奖金按月预发就比按季预发效果好。如果一个员工做出了成绩，立刻进行表扬或者激励，对他的正向激励作用很大，因为这种及时性的激励可以给员工一个明确的信号，"他（她）的工作和努力领导是看在眼里记在心里的，他（她）的行为是受鼓励的"。三是多进行微激励。薪酬福利、提职晋升对激励员工具有至关重要作用，是稳定员工队伍和调动员工积极性的基石，但是这些激励很多是单位的组织行为，往往只有少部分掌握在团队负责人手里。因此团队负责人的激励并不都是"高大上"的。微激励同样会起到润物细无声的激励效果。比如，有一天下班比较晚，看到员工小董在办公室加班，我立即打招呼："小董又加班这么晚还没走，要注意劳逸结合啊。"小董听了很开心："没事领导，我把手头工作做完一会儿就回去。"微激励有时是一句问候的话，有时是一次表扬赞美，有时是一句生日的祝福，有时是一次聚餐，有时则是一次愉快的沟通。微激励虽然是管理者管理实践中的举手之劳和信手拈来，但激励的效果却是显而易见的。

5. 激励和约束

　　战国时期爱兵如子的名将吴起曾说,"兵以治为胜",讲的是军队靠管理、靠制度来打胜战。激励和约束都是管理的有效手段。只有坚持奖惩并举,赏罚分明,才能聚好人心,带好队伍,形成争先创优的良好氛围。

　　日常工作中我们带团队更多的是使用正面的表扬和激励,但适当的批评和约束乃至惩罚也是不可少的。俗话说,"没有规矩不成方圆"。规矩是规章制度,是规则、底线。哲学家穆勒曾说:"约束是自由之母。个人的自由,须以不侵犯他人的自由为自由。"油门和刹车都正常才能保证汽车正常行驶。作为团队负责人或HR,很多情况下,我们既要保护员工的合法权益,也要严格按章办事,保护银行的利益和声誉不受损失,尤其在把握劳动法规和人力资源制度规定方面。严是爱,松是害。这几天,我陆续处理了几件棘手的事情。昨天同一名想开在职和收入证明的员工小周进行沟通。小周是分行一个部门的科室负责人,他想到清华大学经济管理学院读研,我部门经办人如实开具了在职和收入证明。但小周希望职务和收入上能高开,将来便于与同学接触和沟通交流。我猜测,也有可能是校方对参加培训的学员职务有"门槛"。沟通中我首先表扬了小周积极好学上进,但同时也说明人事政策和制度规定以及人力资源部门出具证明的严肃性和规范性,最后,明确表示不能高开并劝走了小周,事后还表扬了我部门坚持原则如实开具证明的经办同事。

最近我还参与了对个别经营机构负责人进行诫勉谈话，参与了对个别违规员工内控合规的处罚及经济处罚的执行，处理劝辞了一名医疗期满后仍泡病号的"刺头"员工。人力资源政策规定很多是硬约束，比如合同管理、请销假、考勤、因私证照管理等，但是要通过软沟通加以执行。良好的员工关系管理和沟通机制可以使员工认清政策形势、明晰制度规定，使公司的决策规定更加有理、有力、有效，使员工的信息能够及时得到反馈，从而让员工感觉到公司对自己的尊重和信任，产生良好的责任感、认同感和归属感，促使公司与员工更容易达成共识，一切事情就好商量，即便是出现劳资关系紧张的问题，也完全可以通过良好的沟通商量来解决。

6. 教练技术与赋能

20世纪90年代，教练技术从训练运动员的体育场移植到企业管理领域，在企业管理过程中扮演着重要角色，企业教练应运而生。企业教练是一种有效的管理工具，能使被教练者洞察自我，发挥个人的潜能，有效地激发团队发挥整体的力量，从而提升企业的生产力。教练技术与培训的区别在于：教练技术不是知识，也不是理论，而是一门技术。除了类似导师带学生、师傅带徒弟外，还有赋能等综合管理技术的应用。教练技术已成为欧美企业家提高生产力的有效管理技术。企业教练最大的特色是强调企业领导人的发动机作用，他不再是单纯的决策者、管理者和顾问，更重要的是企业教官——即教练。可以说，教练技术是各级管理者领导力的重要组成部分。

赋能，顾名思义就是给谁赋予某种能力和能量。通俗来讲就是，你本身不能，但我使你能。它最早是心理学中的词汇，旨在通过言行、态度、环境的改变给予他人正能量。将赋能这个词用在管理学中，一方面是各级管理者通过教练技术给员工赋予能力和能量，发挥员工个人的潜能，激发团队发挥整体的力量；另一方面是指企业由上而下地释放权力，尤其是员工们自主工作的权力，从而通过去中心化的方式驱动企业组织扁平化，最大限度发挥个人才智和潜能。现在很多企业高管开始意识到：未来组织最重要的功能已经越来越清晰地显现出来，那就是赋能，而不再是管理或激励。而教练技术是各级管理者最重要的赋能方法论。

教练、赋能是把团队状态和组织的能力当成不能松懈的大事，切实关注每一位员工在工作中持续成长，让他们做好当前工作的同时，得到充分的锻炼和成长。一个人要成功，需要不断历练，需要经过不断地学习。然而，最快的方法是向领导、同事和成功者请教，让他们用自己的智慧和经验进行赋能和指导，这样比看书来得更快更有效。

我们从京东大学的网站上知悉，2016年京东就提出了"授权、赋能、激活"的管理主题，在组织设计、组织授权、组织赋能上做出了一系列的管理变革举措。赋能于人，让战斗在一线的人决策，让更多的领军人才脱颖而出。在京东事业部承担同品类业务整合、拓展的任务，面向市场更为独立地发展，京东大幅向员工实现赋能，总部一方面支持各事业部不断优化其业务构架设置，增加业务运营分析与支持的职能，实现对管理价值链的全覆盖，强化区域采销团队的建设，提升业务管理的专业性。为了实现这些功能，京东把赋能划分为四个方面：机制赋能、组织赋能、实践赋能、专业赋能。

一是在机制赋能上，京东建立了完备的机制来支持运作：管控机制、内部结算交易机制、沟通机制、数据监测、预警与改进机制。京东建立了平台对话这样的沟通机制，促进内部的沟通和协同，京东还搭建了监控数据的平台，每周对各区域数据进行监测，统计出异常数据，发给该区域相关负责人进行核对修改，以数据为基础，通过系统中的分析工具，帮助员工做出科学决策、把控风险。

二是在组织赋能上，业务配备了HR，财务配备了BP，研发配有专属团队，实现闭环管理。

三是在实践赋能上，当业务较小的时候全面托管，业务相对成熟后再独立接管，教练式的帮扶带动，参与并辅导重大事项的开展与决策。

四是在专业赋能上，京东协调体系、制度、平台三方面来提升员工的专业度，并结合工具、信息系统进行数据分析，通过会议沟通、项目共享等方式使上下拉通，而且还打造专家团队，实现培训、专业咨询，充分利用专业资源。

京东大学提出：移动互联时代，变化才是最好的稳定。无论是加大对一线的充分授权、整合营销平台，实现研发闭环，还是前瞻性领军人才的培养，京东在发展的路上需要不断地直面挑战与突破。有破有立，不破不立。"授权、赋能、激活"的管理主题，将推动京东人不断创新、持续发展。

7. 荷花定律与南风效应

一个池塘里的荷花，第一天开放的只是一小部分，第二天，它们会以前一天的两倍速度开放，到第29天时荷花仅仅开满一半，直到最后一天才会开满另一半。也就是说，最后一天的速度最快，等于前29天的总和。这就是著名的荷花定律。荷花定律揭示了：成功需要累积沉淀，需要厚积薄发。

荷花定律启示我们：管理要有耐心和胸怀，做到不抛弃不放弃。管理的对象是人，所以管理要从点滴积累开始，日复一日，久久为功，静待花开。

南风效应也叫做温暖效应，它来源于法国作家拉封丹曾写过的一则寓言。寓言讲的是北风和南风比威力，看谁能把行人身上的大衣脱掉。北风首先来一个寒风刺骨，结果行人为了抵御北风的侵袭，把大衣裹得紧紧的。南风则徐徐吹动，顿时风和日丽，行人因为觉得很暖和，所以开始脱掉大衣。结果很明显，南风获得了胜利。拉封丹的这则寓言后来成为社会心理学的一个概念。南风之所以能达到目的，就是因为它顺应了人的内在需要，使人的行为变得自觉。这种启发自我反省，满足自我需要而产生的心理效应，被称为"南风效应"。

"南风效应"启示我们：一是管理要坚持以人为本。管理的对象是人，所以管理要从尊重人性和关心员工需要开始，让员工感受到单位组织的价值和温暖。心理学家威廉詹姆士说过："人类本质中最殷切的需求是渴望被肯定。"从某种意义上来说，人性最深刻的原则，就是希望别人对自己加以赏识。而有"人情味"的上司往往更具同理心和共情能力，更加尊重、关心下属，从而激发下属的工作积极性。同时要解决好员工薪酬福利和现实中的实际困难，让员工轻装上阵，全身心投入到工作中去。二是激发员工的自觉和潜能。科学应用管理方法，用制度和激励导向让员工认识工作对组织和个人的意义和价值，变要我做为我要做。只有内驱力被激发出来，员工才能更加以行为家、爱岗敬业，甚至把工作和思考当作生活的一部分，并享受其中的乐趣。激发自觉，当知当觉；激发潜能，无限可能。三是建立培育员工提高内驱力的良好氛围和奖励机制，变一个人的自觉为一群人的自觉，形成内驱力的传递和叠加，促使团队整体水平的跃升和创造价值效率的提升。

　　荷花定律与南风效应启示我们：管理既是科学，也是艺术，更是实践，需要我们用心、耐心和尽心。管理者和员工、员工和员工互相激励赋能和感染影响，形成组织的正能量传递和共振，就会从量的积累到质的跃升。"看不见的氛围，决定看的见的绩效"。只有真正让员工参与企业经营管理，员工才有兴趣和动力去挑战自己设定的经营目标；只有组织激励和员工自驱动结合，员工才会以行为家，与企业相伴成长，才能自动自发地去创意、创新和创造，组织才能持续实现目标获得高绩效。

8. 危机管理

当你在电梯里,电梯突然失控了你会怎么办?当有人在失控的电梯里打电话向你求助,你会怎么办?当支行营业网点发生暴力抢劫案情,作为支行负责人你会怎么办?当单位突发负面舆情作为负责人你会怎么办?这些都是危机管理要回答的问题。

危机管理也称为冲突管理、应急管理。危机管理能力是领导力的重要组成部分。顺势而为是一种能力,逆风飞扬更是一种本领。所谓危机管理是企业或管理者为应对各种危机情境所进行的规划决策、动态调整、化解处理及员工培训等活动过程,其目的在于消除或降低危机所带来的威胁和损失。危机管理是专门的管理科学,它是为了应对突发的危机事件,抗拒突发的灾难事变,尽量使损害降至最低点而事先建立的防范、处理体系和对应的措施。危机管理通常分为两大部分:危机爆发前的预防管理和危机爆发后的应急处理及善后管理。我曾在武警部队服过役,反恐怖事件、处置突发事件、抢险救灾和处理事故等是我们的重要工作。这要求我们学会应急管理。没事心不空,有事心不乱。努力做到平时有预案、战时不慌乱、平战结合、处置得当。

当前企业的危机管理也越来越受重视。根据美国《危机管理》一书的作者菲克普曾对《财富》杂志排名前500强的大企业董事长和CEO所作的专项调查表明，80%的被调查者认为，现代企业面对危机，就如同人们必然面对死亡一样，已成为不可避免的事情。其中有14%的人承认，曾经受到严重危机的挑战。

  危机预防。俗话说，凡事预则立、不预则废。预防管理是危机管理的重要组成部分。首先，预计、预防和建立预案和快速反应处理机制和责任是企业危机管理必不可少的制度安排。我本人在担任兴业银行北京分行保卫部总经理期间曾组织编写完善了《兴业银行北京分行支行防范和处置营业厅暴力抢劫案件预案》《兴业银行北京分行支行防范和处置火灾预案》《兴业银行北京分行支行客户发生急病的处置预案》《兴业银行北京分行支行金库和保管箱库安全管理规定》等各种预案和制度规定数十份，还组织编写了《兴业银行北京分行安全保卫手册》和《兴业银行北京分行支行安全保卫手册》。调任兴业银行北京分行人事监察部总经理后，又组织部门人员编写了《兴业银行北京分行员工管理重大突发事件应急工作预案》《兴业银行北京分行员工手册》和《兴业银行北京分行人力资源工作手册》。其次，对员工进行危机管理教育和培训，强化员工的危机意识。全员的危机意识能提高企业抵御危机的能力，有效地防止危机发生。开展危机管理培训，举行危机处理预案演练，让员工掌握危机管理知识，提高危机处理技能和面对危机的心理素质，从而提高整个企业的危机管理水平和应急处理能力。比如银行营业网点每半年应当举办一次消防预防火灾预案演练和营业厅防暴力抢劫预案演练。

  危机处理。首先，确认危机及向上报告。确认危机包括将危机归类、收集与危机相关信息、确认危机程度以及找出危机产生的原因，辨认危机影响的范围和影响的程度及后果。第二，处置、控制危机。控制危机需要根据确认的某种危机后，遏止危机的扩散使其不影响其他事物，紧急控制如同救火刻不容缓。第三，处理危机。在处理危机时，关键的是速度。当突发事件发生时快速启动相应预案和机制，企业能够及时、有效地启动预案将危机决策运用到实际中化解危机，可以避免或减少危机给企业造成的损失。这些年我本人曾参与处理了员工在工作场所急病发作、酒驾被扣、劳资纠纷诉讼和发生舆情等突发事件，还三次成功组织防范撬砸我们银行营业网点的ATM机案事件，配合北京市公安机关防范涉众和新型网络电信诈骗十多起，抓获通缉在逃人员五名。

危机总结、评估。对突发事件和危机管理进行全面的评价，包括对预警系统和预案启动组织和工作程序、处理计划、应急决策等各方面的评价。要坚持问题导向，详尽地列出危机管理工作中存在的各种问题。通过总结评估提出改正措施，责成有关部门逐项落实，完善危机管理内容。俗话说，亡羊补牢，犹未迟也。危机给企业制造了另外一种环境，企业管理者要善于利用危机探索经营的新路子，进行重大改革。这样，危机可能会给企业带来发展契机。危机本身既包含导致失败的根源，也孕育着成功的种子。比如当一些传统行业出现产能过剩的危机时，却孕育着并购重组和转型发展的新机遇。发现、培育，以便收获这个潜在的成功机会，就是危机管理的精髓。而习惯于错误地估计形势，并使事态进一步恶化，则是不良的危机管理的典型。简言之，如果处理得当，危机完全可以演变为"契机"。

危机、危机，危中有机。危机之中往往孕育着转机。危机管理是一门艺术，也考验和锻炼管理者的领导力。国防大学金一南教授在《胜者思维》一书中写到："问题是带人走出困境的最好向导，危机是教人进行创造的最好老师。"企业在不断谋求技术、市场、管理和组织制度等一系列创新的同时，应将危机管理创新放到重要的位置上。一个单位在危机管理上的成败能够显示出它的整体素质和综合实力。成功的企业不仅能够妥善处理危机，而且能够化危机为商机。此外，组织培养和锻炼干部必须把目标人选放到艰苦复杂环境中去历练成长，从而学会危机管理，全方位提升领导力。

几种危机管理处置方法：

1.舆情应急管理。平时对舆情进行监测。当发生重大负面舆情时，首先要及时上报并分析舆情的真伪和消息源。对于一些造谣中伤的不实报道，要及时联系媒体、网站和公安机关网安警察进行删除处理。必要时领导及时出面进行澄清和辟谣。对于一些由事实过错引发的负面舆情，领导根据授权公开道歉、阐明原因、表明态度以及提出改进措施。对一些网络和自媒体的负面信息，也要从源头上加以解决。

2.突发案事件应急管理。如支行营业网点发生火灾、暴力抢劫案事件，分、支行应立即启动应急预案。如营业厅发生暴力抢劫案情，支行应采取五步法进行处置：一是报告报警，二是疏散客户，三是周旋拖延，四是相机处置或吓跑并追赶抓捕，五是善后处理。

3.员工突发问题应急处置。如电梯失控，员工在工作场所急病发作、抑郁症自杀等等。对于电梯失控，假如你在失控的电梯里，可以紧急做如下应急处置：一是身体半蹲，电梯内有扶杆的，双手紧握扶杆；二是按下梯内报警按钮；三是打手机电话求助。对于电梯失控，假如你收到在失控的电梯里的同事打来的求救电话，一是立即告诉他（她）身体半蹲、按下梯内报警按钮，如电梯内有扶杆的，双手紧握扶杆，不要害怕等待救援；二是马上联系物业处理；三是确认电梯故障楼层，立即跑过去从外面给予安慰，并配合物业开启电梯门，把人解救出来。

他山之石——

员工预期管理

优秀的领导人是组织的核心与方向，更是一个组织盛衰的直接决定者。行之有效的管理方式会增加组织的凝聚力、提升员工的向心力，使员工与组织之间形成心理契约（Psychological Contract）。

在兴业银行集团中级领导力培养项目第四期第二阶段将要结束时，有一件小事让我印象深刻。我们学习小组组长认真核对了印有同学们名字、职务、联系方式和照片的通信小册子，发现里面有一位同学的联系方式写错了。出于长期工作的习惯，更担心大家培训结束后找不到彼此，他就把每个人的小册子都修正一下。我拿起小册子看到组长亲笔修正的电话号码很感动。组长帮同学们一一修正电话号码这个小小的举动，完全超出我的预期，非常值得我们学习！我想，组长这一小小举动代表的就是领导者的素质，也代表着组织的力量。

一、预期是员工与组织之间的"心理契约"

心理契约是组织与员工之间无形的默契，默契的内涵包括组织和员工对彼此的期望。组织对员工义务的期望主要有：守时、敬业、诚实、忠诚、爱护资产、体现组织形象、互助七个方面，而员工对组织义务的期望主要有：安全、友善、理解、薪资、福利、工作稳定、培训、公正、关怀、协商、信任和一致性这12个方面。

两者对彼此的期望如果能达成共识，组织与员工的健康发展就会达到可协调的最佳状态，所以如何不违背组织与员工之间的心理契约，即如何管理员工预期是一件极为重要的工作。

当今时代日新月异，优秀的领导普遍具有崇尚现代管理理论的应用，注重管理与营销，对事件与员工行为具有较强把控能力等多方面的特点。而所谓好管理的本质，通俗地说，就是作为领导能将所要完成的工作，安排到具体员工，使其在预期内实现。在组织机构内部，管理工作主要是引导、规范、统一组织机构内成员的各种行为，使其围绕组织机构的目标，按照制度规则行事，从而实现组织机构的整体价值提升。优秀的领导在进行管理工作时，通过引导、规范、统一组织机构内部各个主体的预期，采用彼此均认同的预期使员工从长期的、理性的角度做出各种行为选择，以此提高组织机构的办事和运营效率。

二、预期管理是双方管理

管理管的是预期，对于管理者和员工都是成立的。在组织机构内部，处理任何一件事务，管理者和员工都会对彼此有预期。

一方面，管理者希望员工按照自己预想的方式，向着自己预期的方向，及时完成各项工作任务。另一方面，员工则希望自己根据管理者的要求做完各项工作后，能够切实取得工作的实际成效，减少"无用功"的投入，同时在完成工作的过程中展示并提升自己各方面的能力，得到管理者和同事的认同。双方的预期直接影响其行为选择，并且其不仅影响一方，同样会影响另一方的预期及其行为选择。如果员工前期的各种行为让管理者不能及时发现其能力及特长，则管理者将会选择减少给该员工安排具有挑战性的工作的机会，甚至终结与该员工的关系。如果管理者前期的行为选择让该员工看不到发展的希望,则该员工将会选择消极怠工,甚至是主动离开。

三、正确管理员工预期是优秀领导力的体现

我在"星蓝璀璨"中级领导力培养项目的 TED 演讲中,与大家分享了"如何管理员工的预期"。在分享中,可以看到优秀的管理者善于对员工预期做加法,通过适当的引导,使员工在工作中逐渐发挥更大的效能,逐步增加员工对工作的预期,使组织与个体之间形成恰当的"心理契约"。具体来讲,在对员工进行预期管理时要注意以下两方面:

首先,要保证管理者与员工的预期方向一致。一致的预期可以减少沟通成本,提高组织机构的办事效率。在各项工作的部署和推进中,管理者和员工会遇到各种各样的事情需要相互沟通交流,在此过程中会有各种沟通成本付出。如果管理者和员工的预期不一致,将直接影响其处事方式,导致组织的凝聚力不强,力量不能有效集聚在一起,从而降低沟通的成效,增加沟通的次数,浪费组织机构内部的沟通成本,甚至是影响组织目标的实现。如果双方以共同的预期为基础,则可以集聚双方力量完成工作任务。

其次,达到稳定的预期需要循序渐进。稳定的预期要充分体现并尊重员工的利益及其他合理诉求,并形成长期可持续的执行机制,让员工做事有章可循,对未来的发展有所憧憬。分享中我提到,要达到预期的稳定,可采取"老阿姨分糖果用加法"模式,即对预期做加法,逐步增加员工的预期,使员工在完成任务时满怀动力与憧憬。

总之,管理者和员工要充分认识到,预期对行为选择具有决定性的影响作用。在日常工作决策中要充分考虑预期的因素,尽量使双方形成稳定的、一致的预期。对预期做加法,使员工对未来的期望向组织目标靠拢,以提高组织整体目标的实现。

(本篇内容作者为华福证券 陈键)

他山之石——

员工赋能，激发无限可能

一位老领导曾说："会计就像空气，没有的时候才知道要命。所以，最好的会计就像最好的空气，谁都感觉不到。"如果人人都在谈空气，那一定是空气有问题；如果人人都在谈会计，那一定是会计有问题。

在营销条线和会计打交道七年半的时间里，我感受到的不是空气，而是生气，认为会计"鸡蛋里挑骨头""不接地气，不考虑实际运营中的问题"。2017年11月的一次调整分工，我分管了会计部，此时，我的内心是酸爽的，不论对公对私，都打算"大展拳脚"！抓住主要矛盾，马上找到会计部老总，给他下硬指标，优化流程，全面为业务服务，做得到重赏，做不到重罚。除此，不只是空喊口号，还给予政策支持，完善绩效激励政策，恩威并施，安静等待会计流程的优化改善。

一个月过去了，心想：刚开始，也许大家还没适应。两个月过去了，心想：再看一个月试试吧。三个月，收效甚微，不能忍了，三个月以来这不能改、那不能变，一位入行三年的员工，还因此想转岗。我不明白，为什么对工作、对公司有利的办法，大家却不采用，为什么完善绩效激励制度，却有人想离职？我充满了疑问。

如何化干戈为玉帛？带着疑问，我来到了总行参加星蓝璀璨领导力培训，接触到自我管理这门课程，发现原来我参与了问题的制造。于是回到单位后我引入阳光分享，给团队和个人注入了新的活力；引入升维思考，鼓励大家提升一个思维层面，观察问题，考虑问题。几个月里，为优化流程，柜员站在主管层面，主管站在老总层面，大家你一言我一语，整个团队充满了活力，流程自然得到改进和优化。组织氛围好了，大家工作更快乐了。笑容在每一位员工的脸上慢慢绽放。一位员工在阳光分享上写道：流程再造，效能提高，快乐工作，幸福生活。

这是星蓝领导力培训学习给我最大的收获，也是我传导给每一位员工最大的收获，让每一位员工做自己流程的主人。为员工赋能吧，他们将回馈你无限的可能。

（本篇内容作者为兴业银行南京分行　段泽强）

第二章 自我管理

管理实践手记

自我管理，指个体对自己本身，对自己的目标、思想、心理和语言、行为及情绪等进行的管理（百度百科）。自己是自己最好的朋友，因为自己最了解自己的身体、心性和情绪；自己也是自己最大的敌人，超越别人容易，不断超越自己难。自我管理是自己把自己组织起来，自己管理自己，自己约束自己，自我管理，是自己激励自己，自己管理自己的事务，最终实现自我和团队奋斗目标的一个过程。作为管理者，自我管理不仅要管理自己语言、行为和情绪，提高觉察力和辩证思维等能力，而且要会直接影响部属员工的语言、行为和情绪以及团队氛围的改善和工作效率的提升。要通过知己、知彼、知世界不断觉察和提升自己，从而让自己的知识、经验、创造力和文化道德修养为组织和管理服务。

托尔斯泰曾经说过："世界上只有两种人：一种是观望者，一种是行动者。大多数人想改变这个世界，但没人想改变自己。"想要改变现状，就要先从改变自己开始。如果不会管理自己的情绪，就容易被情绪控制和束缚。如果自己管理不好自己，将会永远被人管理。

余宣霖老师在兴业银行星蓝璀璨中级领导力培训授课时把自我管理提炼为升维、觉察、心智模式和意识流明。一是升维。所有的管理问题首先是认识问题，而认识可以划分出层级和维度。管理可以分为四个维度：经验管理、利益管理、思想管理和心性管理。低维是高维的投影，高维是低维的投影源，低维的问题到高维才能根本解决。升维自我的心法：我升维了吗？升维自我的技法：（1）升维学习，才能降维打击；（2）遇到任何问题难以解决时可以思考：这个问题是哪个维度的问题？这个维度的方法充分应用了吗？这个问题的投影源是什么？我可以在投影源上采取的措施是什么？二是觉察。我们所看到的世界，只是我们的内心"选择"看到的样子。这种"选择"往往都是不易察觉的。觉察就是把良知与智慧经由意识带入当下。觉察心法：我的模式参与了问题的制造。觉察技法：儒家静坐。觉察的四个境界：不知不觉、后知后觉、当知当觉、先知先觉。

余老师认为，觉察有四个层级：一级觉察，觉察语言、行为、情绪状态。外求解决之法，内求解决之道。二级觉察，觉察心态和观点。心智模式，是对待世界的内在运作的一套程序，可分为截杀式思维和建设性思维。二级觉察主要觉察第三通道，觉察自己的哪些语言、行为和情绪掉进了第三通道？何为第三通道陷阱？第三通道陷阱的信号是，应该如此，托付心态和负面的陈述与抱怨的语言模式。防止陷入第三通道陷阱的心智提升心法：一切都是最好的安排，拿回人生的遥控器，幸福始于高效沟通，心智提升技法：意义换框，时间换框。当察觉到第三通道陷阱信号出现，便在当下有了迁善，及时管理自己的语言、行为、情绪状态并可以找到信号源来阻断负向的心智模式。三级觉察，觉察原始信念和价值观。三级觉察，主要觉察有哪些信念让自己的语言、行为和情绪处于负面状态。人类七个原始信念：渺小、不重要、不够好、被遗弃、无价值、不配得、心碎。四级觉察，觉察自己的意识流明。觉察自己的语言、行为和情绪是不是处于高流明状态，是不是积极向上的状态。美国心理学家大卫·霍金斯博士实验发现，人类各种不同的意识层次都有其相对应的能量指数，这种意识能量层级即意识流明。流明是一个变量。人的身体会随着精神状况而有强弱的起伏。因此自我管理就是要不断进行心性修养，锻炼自己的灵性和精神的修为，提高心力和意识流明。"二百流明搞定自己，三百流明带好团队"。

人生起起落落，职业坎坎坷坷。昨天的风雨淋不湿今天的头发，明天的太阳却可以温暖今日的梦想。视野、思维、品格、韧性和弹跳力决定了自己的高度。不怨天不尤人只超越。不要总想超越别人更主要的是要不断超越自己。明代哲学家王阳明说，人须在事上磨，方立得住，方能"静亦定，动亦定"。大体意思是人应该通过经历各种事情来磨炼自己，才能立足沉稳，才能达到"无论动还是静，都能保持心中沉定"的境界。作为心学集大成者的王阳明倡导知行合一。知行合一的"知"，不是"知道"，而是"良知"，是每个人内心与生俱来的道德感和判断力。找到并遵循内心的良知，复杂的外部世界就将变得格外清晰,制胜决断,了然于心。王阳明说:"知是行之始,行是知之成。"在知与行的关系上,王阳明强调要知,更要行,知中有行,行中有知,所谓"知行合一",两者互为表里,不可分离。知必然要表现为行,不行则不能算真知。曾国藩认为,磨炼自己要有如鸡孵蛋般的耐心和韧性。他的一生,就是不断自我攻伐、自我砥砺的一生。因此也是不断脱胎换骨、变化气质、增长本领的一生。新希望集团董事长刘永好说:"一个优秀的职业经理人,终身学习,终身成长。"一个聪明、睿智的人,会积极从容地应对各种变化,做好自己,一切便是最好的安排。不念过往,不畏将来,我们是自己的管理者,我们是自己的疗伤师,无人能比我们更懂自己。既要经常自我反省,也要时常为自己鼓掌。一个乐观、豁达的人,会用热情来浇灌生活。把日常的无趣,活成了愉悦;把平凡的琐碎,看成了安好;把孤独的时光,雕刻成自我;把人生的际遇坎坷,存成了财富。顺境时不得意忘形,逆境时学会逆风飞扬。无论顺逆,淡泊明志,得之淡然,失之泰然,风清月朗。

心中有绿洲,人生便不会荒芜。热爱生活和工作的人,必被生活和工作所爱。

1. 时间管理

时间管理是自我管理的重要内容。时间管理好了，工作生活的效率就会提高。成功往往就是做对的事加努力与坚持。剖析一些高效能的成功人士，他们都有一些共同的优点：一是有规律的作息时间；二是善于计划和总结、反思及萃取；三是朝着正确的目标不断努力，在面对行为和意志的冲突时仍然不迷失方向，并把握住人生有限的几次关键抉择。

当前金融从业人员普遍感受到竞争的压力和时间的紧迫。忙是常态，不忙容易被淘汰。作为一名股份制商业银行的管理者如何进行时间管理既是自我管理的一部分，也是领导力、培养下属和高效沟通的有机组成元素。俗话说，"一寸光阴一寸金，寸金难买寸光阴"。现在时间就是金钱和效率，频率就是投入的时间和精力的频度及效果。时间管理效能包括时间安排组合的效能、单位时间的使用效能、如何节约时间以及时间利用的效能等。

首先，要对时间进行分配和规划，合理组合安排好自己的时间表。平衡好工作和生活。人一天24小时扣除必要睡眠、吃饭和闲暇时间，真正用于工作、学习和思考的时间很有限。凡事预则立，不预则废。要根据自己的生物钟和单位上班时间，积极主动地对时间进行规划和管理。年、季、月、周、天，每项工作都做到有计划、有落实、有回顾小结。虽然计划赶不上变化快，但如果没计划，势必工作没有头绪和更加忙乱，而且容易得闲偷懒。还要定期分析自己的时间利用情况，并加以调整改进，花最多的时间去做最有价值的事。

其次，对要办的工作进行分类排队，突出重点，提高时间使用效率。合理分配和使用时间，有所为有所不为。要事第一，急事先办。比如头一天就要想第二天都有哪几件重要的事。睡觉前浏览看一下手机，工作微信群里是否有重要的工作通知。第二天上班后打开办公电脑同时也打开自己大脑的雷达，看一下是否临时有更重要的事情和急办的事和要处理的文件。对于紧急且重要的马上就办，决不拖延。能当天解决的就不拖过夜，日清周结。要遵循"二八定律"，每天把最重的时间和精力用在最重要的工作上。把大块或大部分的时间用于处理最难办的事。

第三，授权和委托他人，扩展自己的时间边界。不要事必躬亲，要学会调动各层级人员的工作时间，按照工作分工各司其职、各尽其责。懂得合理分配安排和授权，就容易扩展和主动管理时间。此外，对于一般的工作尽量通过电话、OA、短信和微信进行沟通和安排，减少会议和应酬的次数和时间。分配安排工作时对员工也要进行时间管理，防止忙闲不均，切实提高整个团队的时间管理能力和工作效率。

第四，弹性管理，留有余地。时间管理既要精确，也要适当模糊，以应对临时变动和例外。要留机动时间对分管工作和部属进行过程管理和检查督导。

总之，现在大家不是在忙，就是在忙的路上。因此，很有必要多读几遍史蒂芬·柯维的《高效能人士的七个习惯》，相信积极主动、以终为始、要事第一、双赢思维、知彼知己、统合综效和不断更新这七个习惯的养成和应用会让我们不断超越，成为高效能人士。日不足而月有余，一脉通则百脉通。只要我们主动对时间进行管理，做时间的朋友，日积月累，定有不同。

2. 与压力共舞

许多一线的团队负责人经常面临业绩的压力，中后台部门也有各种各样的压力。我所在的北京分行人力资源部门也面临着招聘数量质量和效率的压力。现代社会发展迅速，工作生活节奏加快，压力与职场和生活，如影随形。股份制商业银行从业人员面临的压力很多，有宏观环境和创新变革的压力，有监管政策调整和金融防风险的压力，有业绩营销的压力，有上压平挤下兑的沟通协调压力，有买房买车和子女上学的压力等等。如何管理压力、与压力共舞，是我们每个人都必须面对和回答的问题。尤其要学会问自己几个问题：压力是什么？面对压力我的情绪反应是什么？为什么会有这样的应急反应？如何调适心态、缓解压力？

调整心态，认识压力。压力是把双刃剑，过度的压力对身心健康不利，适度的压力则催人发奋与上进。适度的压力就像"鲇鱼效应"，能够保持进取心和工作生活动力。正如铁人王进喜所言："人无压力轻飘飘，井无压力不出油。"因此，正确认识和对待压力，弄清压力是什么？面对压力我的情绪反应是什么？加强自我认知、自我管理，调整心态，预先安排工作主动管理压力，就不会手忙脚乱徒增压力。

找到源头，破解压力。要把压力进行细分归类。压力的起因或来源一般是工作压力和生活压力。工作压力，一般是指单位时间内工作的数量及难度，或经营业绩是否达标，还可以进行细分。此外，上下级以及同事之间关系紧张也会带来内耗和无名的压力。当人面对压力时一般表现为要么逃避、消极等靠和拖延，要么主动迎战解决。唯有积极主动去迎接压力挑战和解决问题才能消解压力，完成工作任务。对于不同的压力要用不同的方法加以解决。有的需要登陆一个滩头阵地，再逐步推进不断扩大战果；有的需要团队协同作战，不要单打独斗；有的需要抓主要矛盾牵牛鼻子找关键人；有的需要分清轻重缓急，要事先做，急事先办；有的需要拉长时间解决或等待最佳时机，以时间换空间；有的与自己关系不大的该放手的放手，不做忙人忧天。生活的压力主要来自家庭、经济和社会等方面，主要从调整心态和解决问题入手。

换框和转移，消减压力。通过静坐冥想、深呼吸，运动健身，文学、音乐、绘画和影视及美食等转移压力、削减压力。一觉解百乏，一曲解千愁，运动解万压。造梦画饼、望梅止渴和组织的物质精神激励及升职都可以激发员工忘我工作和消解压力。此外，与亲人、同事和朋友和谐相处，吃饭、喝茶、喝咖啡、饮酒和聊天，必要时进行倾诉或请求出点子和帮助，都可以缓解压力。心理学家说，闻一闻心爱伴侣衣服的气味也可以缓解工作压力。

不断升维和提升能力，驾驭压力。通过升维、健身、提高专业水平、管理能力和意识流明，让自己内心更强大、身体更康健，能力更出众，从而提高抗压能力。此所谓有实力就不怕压力。尤其是身体康健与快乐工作相互正向循环。此外要经常暗示自己：压力和磨难都是垫脚石，一切都是最好的安排。

李嘉诚有一句名言："鸡蛋从外打破是食物，从内打破是生命。"生命在于平衡，人生在于折腾。我们来时一丝不挂，走时一缕青烟。不纠结、不纠缠、不攀比、不迷失，放眼未来，过好当下。平衡是消除压力的利器。当我们想不明白时，不妨做好"三看"：一是到医院转一圈看健康之幸福；二是去监狱转一圈看自由之可贵；三是去殡仪馆转一圈看生命之美好。心放下、人通透、身上多余的包袱就放下了，一切就皆释然了。

生命，因奋斗而精彩；人生，因追求而丰满。直面压力与挑战，与时代同频，与压力共舞，努力做到"三个平衡"：一是心态与外界及工作的平衡；二是自己与他人的平衡；三是工作与生活的平衡。

3. 情商管理

现在职场形象好、情商高、能力强的"三好员工"在哪个单位都受欢迎。在一些社交场合，时常有人评价或表扬某某人"三高"：颜值高、智商高、情商高。这些都从一个侧面反映情商在日常工作和生活中的重要性。什么是情商？百度百科的解释：情商（Emotional Quotient），通常是指情绪商数，简称EQ，主要是指人在情绪、意志、耐受挫折等方面的品质。而智商主要用来评价一个人的学习能力、记忆能力和创造能力。情商是近年来心理学家们提出的与智商相对应的概念。从最简单的层次上下定义，提高情商是把不能控制情绪的部分变为可以控制情绪，从而增强理解他人及与他人相处的能力。总体来讲，人与人之间的情商并无明显的先天差别，更多与后天的培养息息相关。

1995年《纽约时报》科学专栏作家丹尼尔·戈德曼在其"情商"一文中引入的情商（EQ）概念对领导学领域产生了巨大的影响。戈德曼的一个核心观点是，长久以来商业社会太过强调"思维"智力的重要性，忽略了情商，而要真正全面地理解领导效力，既要衡量情商，又要衡量传统的智商。戈德曼还提出了构成情商的五要素：自我认知、自我约束、激励、同理心和社交技能。

情商越来越多地被应用在企业管理实践当中。对于组织管理者而言，情商是领导力的重要构成部分。对于个人而言，情商是管理控制自己情绪的能力。在职场中，情商外在表现为人际交往和沟通协调的能力。笔者认为，一个情商较高的管理者或员工应当有以下的性格和情绪特征：一是自信、乐观。"我自信、我快乐"。积极、乐观的人心态好，所以头顶自带光芒，给人以阳光、温暖、希望和愉悦。二是换位、共情。人际交往中，能够换位思考，为别人着想。经常应用同理心倾听、欣赏式反馈，与人沟通交流顺畅、自然和高效。三是友善、稳定。既比较稳定地管理好自己的情绪，又懂得与别人的情绪相处。稳定的情绪表现为能够较好地驾驭自己的情绪，尤其是管理好负面情绪。可以喜形于色，但不愁眉苦脸。正直、值得信赖。能够与人为善、上善若水。积极友善地与他人互动，恰如其分地感受他人，与他人相处，不卑不亢，又让人很舒服。四是适应、影响。能够比较快地适应新的工作环境和社交场合，掌握与时代同频的交往方式和语言。厚德、包容，对不同的文化价值观有一定的敏感性和包容性，保持阳光乐观的心态，积极与人相处，正向影响部属和他人。

低情商现象在职场也比较常见。专门从事情商领导力发展培训的北京睿益咨询有限公司的研究咨询团队总结归纳出情商方面出现困扰的四种表现：一是员工自我定位不准确，太以自我为中心，坚持按自己想法去做事很难被影响；二是完成目标需要团队协同度越来越高，协作中不配合、单打独斗、人际敏感度低、玻璃心不能说；三是工作结果稍有不顺，情绪不稳定，传播负能量影响团队；四是达成结果越来越难，面对问题不能整合资源和灵活应对变化。

情商可以通过后天的开发和修炼加以管理发展，不断提升职场成熟度。

一是通过学习培训，认识情商提高情商。有条件的企业可引入咨询培训机构通过职场成熟度工作坊，教育引导管理者和员工将知识、技能、意愿三者融为一体，道术结合，内外兼修，制定个人的情商发展目标和行动计划。没有机会参加系统培训的也可以自我学习和修炼。自己制定一个情商自学和提升目标和计划，并付诸行动，日积月累，定有效果。

二是加强自我约束，提高自控力。凯利·麦格尼格尔在《自控力》一书中提出，所谓意志力，就是控制自己的注意力、情绪和欲望的能力。要加强意志力训练，认清两个自我，培育控制自我、抑制冲动自我，从而提高管理自己意志力的能力。做到严于律己，宽以待人。

三是学会换位思考，常怀同理心。无论在生活还是在职场中，同理心在高效沟通中至关重要。同理心就是懂得换位思考，能够设身处地、推己及人地耐心倾听并理解他人的情绪，感同身受地明白和体会他人的处境及感受，并恰当地回应其需要。经常应用同理心倾听、欣赏式反馈，坦诚与人相处。相处之道，贵在以诚相待。以诚相待就是要做到在自己力所能及的条件下帮助别人。学会给人面子，掩盖别人的瑕疵和不足而不大肆张扬，看破不说破。只要给别人留足面子，给别人一个台阶、一份宽容，别人也会让你有面子。

四是学会反省，不断总结提升。作为管理者，工作中或多或少都会出现失误和问题。要经常反思自省，反求诸己，而不是找客观理由或把问题往别人身上推。学会低调做人，在职场中，口无遮拦、恃才自傲、独自揽功都是大忌。学会管理组织和自己的情绪。情绪具有较强的相互传染的特性。正面的情绪，积极乐观、阳光自信、不畏困难等正能量情绪，会让员工轻松快乐，积极认真地工作。而悲观沮丧、畏难而退等负面情绪会对组织和员工造成负面影响。调整组织和自己不良情绪最好的方法就是要学会调整好心态，学会主动沟通，学会恰当自我宣泄，学会忍耐和包容。多想对方的难处和优点也是调整和控制不良情绪的有效途径。

4. 第三通道陷阱

第三通道陷阱，是一个心理学的概念。心理学的陷阱有很多，比如暗示效应和反暗示效应。第三通道陷阱的信号是，应该如此、托付心态和负面的陈述与抱怨的语言模式。

余宣霖老师在兴业银行中层干部领导力培训上课讲的第三通道陷阱对我们启发很大。其实我们每个人都会自觉不自觉地会陷入第三通道陷阱，只是每个人的强弱程度和后果不同。尤其是过去没有觉察或觉察得少。比如我们对子女的期望就容易陷入第三通道陷阱，认为他（她）应该考个名校将来成为某方面的人才，如果只考个一般学校，于是负面情绪和恨铁不成钢的无力感便出现。其实只要孩子健康成长并感到快乐就好了。望子成龙望女成凤如果是美好期望无可厚非，过于执着就是陷入第三通道陷阱。奥数竞赛钢琴考级画画报班，还有各种补习班，如果是引导兴趣爱好或是差弱项补补课还可以理解，但如果让孩子疲于奔命就是陷入第三通道陷阱。最近工作上也有类似的体验。比如，一名员工没有把交办的工作做好，我的负面情绪一下子就上来了，这么小的一件事应该做好怎么就做不到位。好在自己在有所觉察后立即把情绪压下去。后来仔细问清缘由，才知道因为档案多，交接了一半时退休老员工老家有急事就回去处理了，新接手的还没有全部接手到位。因此，我们要通过学习修炼对应该如此、托付心态和抱怨的语言等第三通道陷阱的觉察，调整心态。明白"塞翁失马焉知非福"和"一切都是最好的安排"的道理，接受当下、拥抱变化和回头即是如意。反求诸己，遇到挫折时切莫责怪他人，而应先反过来从自己身上找出问题的症结，并努力加以改正。不抱怨他人与环境，拿回人生的"遥控器"，以积极阳光的心态面对波折和变化。

如何让自己和员工防止陷入第三通道陷阱，走出托付心态？防止陷入第三通道陷阱的心智提升心法：一切都是最好的安排，拿回人生的"遥控器"，幸福始于高效沟通。心智提升技法：意义换框，时间换框。当察觉到第三通道陷阱信号出现，便在当下有了迁善，及时管理自己的语言、行为、情绪状态并可以找到信号源来阻断负向的心智模式。托付心态、抱怨是消极情绪，但也有积极的一面。比如能引起我们对抱怨言语内容和抱怨员工的关注。管理者首先自己要当知当觉防止陷入第三通道陷阱，同时也要用善意、道理和智慧去引导员工。当员工无法接受发生的事情，陷在已经发生的事情中无法自拔，不断徘徊，针对这种陷在第三通道陷阱和托付心态，用心法和技法进行破框，启发引导员工学会接纳已经发生的事情，调整自己的情绪，放弃抱怨语言，找出更多的策略和方法，运用正能量，走出第三通道，改变托付心态，从而变得积极、主动和阳光、乐观。

前不久，我们北京分行工会举办员工身心健康系列讲座。邀请余宣霖老师进行了"快乐工作、幸福生活"的专题讲座。余老师用心智修炼心法、走出第三通道、原始信念、印痕和3F（事实Fact、情感Feel、意图Focus）聆听、欣赏式反馈等管理心理学知识和工具教我们分行参加听课的100多位员工如何快乐工作学习生活。尤其是对于第三通道，余老师运用给出的心法和技法进行破框，让大家接受当下拥抱变化。应该如此——事情理应如我所认为的那样发生，用"一切是最好的安排"来破框；托付心态，用"遥控器与按钮理论"来破框；负面陈述与抱怨语言模式，用"高效沟通"来破框，引导大家向内觉察，调整好自己的情绪，放弃抱怨语言，找出更多的工具和方法，运用正能量，向外正向反馈，从而变得积极、主动、快乐和有责任心。

北宋文学家苏东坡的文学成就和才华让人敬仰，他的乐观人生态度和热爱生活、善于发现生活快乐的能力更值得我们学习和借鉴。苏东坡从政40年被贬谪流放了33年。最高的职位，他做过朝廷部长、皇帝秘书，最低的，他做过副处级民兵团副。但他"人生有味是清欢""竹杖芒鞋轻胜马，一蓑烟雨任平生"的超逸，"粗缯大布裹生涯，腹有诗书气自华"的自信，"人有悲欢离合，月有阴晴圆缺，此事古难全"和"不识庐山真面目，只缘身在此山中"的思辨，"此心安处是故乡"的达观，"胜固欣然，败亦可喜"凡事尽力而为后顺其自然的洒脱，值得我们好好学习。他发明的"东坡肉"更接地气，至今是老百姓很爱吃的一道菜。正如罗曼·罗兰所说："世界上只有一种真正的英雄主义，那就是认清生活的真相后还依然热爱生活。"

快乐是一种心态，是一种认知，也是一种方式方法和行为模式。只要用心去感受和调整，就会找到快乐密码，遇见更好的自己。

其实，快乐一直都在我们的身边。

5. 原始信念

人类七个原始信念：渺小、不重要、不够好、被遗弃、无价值、不配得、心碎。余宣霖老师在兴业银行中层干部领导力培训课上讲的这七个原始信念是0到7岁时形成的，在不同的人身上会留下不同信念和烙印。情绪是源于细胞的记忆，而信念是基于自己的认知和心理，认为的事实或者对事物的判断，相信什么是对的。觉察原始信念，主要从深层次觉察有哪些信念让自己的语言、行为和情绪处于负面状态。要经常思考以下几个问题：（1）在我生命中反复出现和持续存在的问题和痛苦有哪些？（2）哪个对我影响最大？引发的情绪是什么？（3）我的什么模式参与了这些问题和痛苦的制造？对我影响最大的问题背后的原始信念是什么？

自我暗示心法：生命中反复出现的问题，其使命都不是用来被解决的，而是用来唤醒我的。练习技法：一是深呼吸法；二是原始情绪处理方法：拔出印痕；三是假设转换法：写出关键词，检查哪些是负向词汇，写出负向词汇的正向意义的词汇，把这些正向词汇联起来，读出他（她）是这些正向词汇的人，感受这个形象带给你的感受，梳理一下思路，以后怎么改善与他（她）的关系。

觉察反观自己的原始信念，并有意识地进行心智提升，有利于改善自己的认知和不断自我超越。比如，现在一些企业的情商（EQ）管理课，也把自我认知、自我管理、人际、决策和压力管理这五个方面作为主要内容。反观七个原始信念，每个人的强弱程度和印痕各不同。当我们把每个原始信念都穿越了，自己就全方位超越了自己，从而遇见了更好的自己。

一条小河绕行千里一路向东只为可看见大海的宽广，一脉小路蜿蜒向上只为通向高山的巍峨，一颗星星忽隐忽现只为证明宇宙的浩瀚。"书一笔清远，盈一怀暖阳。一指苍茫处，淡淡流年香……"人生其实就是不断遇到问题、解决问题，遇到麻烦、解决麻烦的过程。在此过程中我们内心和能力逐渐变得越来越坚强，心力越来越能应对各种变化。仰望天空，脚踏实地，理清思路，砥砺前行。只要不断勇敢探索和行走，即使当前很暗淡，走着走着总会遇见光明和美好未来。

6. 意识流明

什么是流明？百度百科上的解释为："流明是描述光通量的物理单位。物理学解释为一烛光在一个立体角上产生的总发射光通量。"意识流明，即意识亮度。美国心理学家大卫·霍金斯博士运用人体运动学原理，经过长期的临床试验发现，人类各种不同的意识层次都有其相对应的能量指数，人的身体会随着精神状况而有强弱的起伏。大卫·霍金斯博士还提出了"意识地图"理论，把人的意识亮度即意识流明由低到高分为17个层级。以200意识流明的"勇气"为基准，居其上的8个层级的意识状态称之为"能量"，居其下的8个层级的意识状态称之为压力。

中国五千年的文明史，曾经出现过许多能量层级很高的圣贤。老子的"道法自然、顺其自然"、孔子的"随心所欲而不逾矩"、庄子的"物我两忘"、孟子的"达则兼济天下，穷则独善其身"、诸葛亮的"淡泊以明志、宁静以致远"、范仲淹的"先天下之忧而忧，后天下之乐而乐"、王阳明的"知善知恶是良知，为善去恶是格物"、郑板桥的"难得糊涂"、道家的"无为无不为"、儒家的"修身、齐家、治国、平天下"，无不体现出很高的思想境界和智慧的光芒。

通过什么样的方法可以找出自己或他人的流明层级呢？通过大卫·霍金斯博士意识流明即能量层级表，我们可以尝试找自己或他人惯常的情绪、生活的观点和过程，通过意识水平、感情、生命观点和人生过程分析，从而估测意识流明的级别。当然意识流明是一个类似模糊数学的概念，是相对区间测评和概率，而且在不同的环境和阶段意识流明是一个变量。

如何有效提升自己和团队意识流明？我们可以用余宣霖老师说的心法和技法加以修炼提升。心法：我的意识流明是多少，200流明搞定自己，300流明带好团队。技法：通过儒家静坐、觉察、正念正言正行利他等修身养心，通过接触正能量的人、事、物，艺术感染、环境熏陶、阳光分享等加以修炼和提升。

管理大师德鲁克说："管理的本质，其实就是激发和释放每一个人的善意。"管理就是教育、引导、启发与激励员工，提升员工的思维，特别是意识流明，优化员工的心智模式和心性水平，从而打造高效能的组织。一个公司就是员工受教育的平台，管理者就是一个教育工作者，所以管理者自身的修炼提升尤其重要，要优先于组织与下属。管理者有没有一个高的站位，决定了其看问题的视野，推动工作的魄力，解决问题的方法。要通过营造公开公正公平的内部环境，通过教育引导、阳光分享、团队建设、静坐冥想和日行一善以及文体活动、艺术熏陶等方法引导员工修身养性，正念正言正行利他，不断提升员工的意识流明和觉察水平，同时学会经常性的欣赏性反馈和善意的提醒，及时谏言拉拉袖子。积极倡导互帮、互学、互助和互相提醒的文化氛围。尤其是团队成员欣赏性反馈和思想碰撞、智慧激发会产生良好化学反应和向善的力量。

7. 阳光分享活动

"面向阳光，则满眼光明"。和阳光的人在一起，心里就不会晦暗。每个人都有缺点、有错误。彼此指出缺点、改正错误，固然是取得进步的必要途径。但是，用心赞美优点，用诚意欣赏成绩，用感恩的心看领导、同事、下属对自己的帮助，更会培养正向能量，形成共同进步的良好氛围。《易经》中有言"同声相应，同气相求"。作为企业的管理干部、团队负责人要学会用开展"阳光分享活动"等方法来培养和激发团队的正能量。

前不久，我们在部门周工作例会时开展了"阳光心态看同事"的阳光分享活动。活动前，我琢磨思考是部门例会时分享还是部门聚餐时进行，最后觉得在周例会时分享正式些。活动前一天晚上，我把阳光分享活动介绍及方法步骤通过微信发到部门群，既是通知，又让各位同事有时间进行准备，同时还赋予他们帮我完成管理实践作业的使命。而我真正的想法和目的主要是想通过阳光分享活动这项被实践证明行之有效的管理方法帮助部门各科室、各位同事心态更加阳光，多看同事身上的优点和主流，工作配合更加顺畅，消除前段时间个别同事之间因工作冲突引起的不愉快和隔阂。活动刚开始时大家有点拘谨，后来状态、氛围和效果越来越好。我还专门安排内勤作记录，把每个人的优点整理罗列汇总后发到部门的微信群。有点小遗憾是部门有一位同事因休假没参加这次阳光分享。

找了个双休日，我们组织部门员工及家属到位于北京市昌平区南口镇的北方国际射击场打靶，进行团队建设活动，做好阳光分享的续集。到射击场进行真枪实弹射击，大家心情都更加开朗。我们每人手枪和狙击步枪各打10发子弹。打靶前我简单进行动员，说了一些注意安全但也尽量放松的话，还请教练简要介绍打枪要领。许多同事第一次进行真枪实弹射击。刚开始打手枪的水平参差不齐，到打狙击步枪时已经发挥自如，而且成绩都明显进步。打靶后中午一起去吃涮火锅，进行阳光分享第二弹活动，同事之间边吃饭聊天边互相表扬，员工及其家属都十分开心。活动结束后有的员工得到家属表扬，有的还专门发微信代家属表扬我们部门凝聚力好、氛围融洽。的确，大家平时工作很忙，周末组织团队建设既是让大家放松，又增强了大家团结友爱互助的团队精神。

　　王阳明有一句名言："此心光明，亦复何言！"又有诗："吾心自有光明月，千古团圆永无缺。"此心光明了，世界便一同明亮起来。阳光分享活动和团队建设是上半篇文章，下半篇文章则靠部门和同事之间平时的用心呵护和点滴养成。日积月累，久久为功。部门和团队形成了风正气顺、人和事兴的良好氛围，同事之间更加融洽和谐。

他山之石——

平衡之美，跳好人生芭蕾

微信里"凌晨三点不回家"一文刷爆朋友圈。你是否也见过凌晨的城市？本次故事的主人公就如文中所描述的拼命三郎一样。

十年前，本着打拼事业、改善生活的初心，他来到了兴业银行乌鲁木齐分行任一家支行支行长。一路狂奔，起早贪黑，时常夜以继日、废寝忘食。两个月，只见过妻子背影。几年前，因为陪客户吃饭喝多失足从一层楼高的楼梯上摔下来，断了两根肋骨，肺部积液，肺萎缩了三分之一，每天都要抽液，一周后他又绑着夹板回到工作岗位并带领员工去服务客户了。破屋偏逢连夜雨，他最信赖的助手向他交了辞职信，留下冷冷的六个字：有点累，想休息，然后头也不回地离开了。他开始反思和问自己：工作的目的是什么？

然而，这还不是麻烦的结束。长期的聚少离多，妻子忍无可忍，向他哭诉："你当初说辞职出来到股份制商业银行工作不是为了让我们的生活变得更好吗？"妻子的一番话进一步刺痛了他。这不是他想要的生活。生活和工作这两条腿，他宛如初学芭蕾，无论抬起哪一只脚，都无法平衡。面对得力助手的离职、哭着诉说的妻子和遍体鳞伤的自己，他深深陷入了思考。疲于奔命，他身心疲惫，将如何抉择？找到破局之道？到底如何找到工作与生活的平衡之美，舞出精彩芭蕾？

2018年3月，他参加总行星蓝璀璨领导力培训，接触平衡日报以及身体、心灵、情感账户、事业、总结与反思五大要素，通过每天对照总结的固定任务的潜移默化影响，提高自身对事物感知的觉察力。终于找到了生活与工作的平衡，困扰他无数个夜晚的问题也得到了解答。于是他坚持不断实践，跳好人生芭蕾。此后还成为别人羡慕的生活美满、事业有成的典范。

出发的太久，不要忘了我们前进的方向，奋力拼搏是为了生活更加美好。不忘初心，方得始终。平衡才能让我们的人生更圆满。

（本篇内容作者为兴业银行乌鲁木齐分行　魏建利）

第三章 培养下属

人才是企业最宝贵的战略资源。企业的竞争说到底是人才的竞争。培养下属是职能部门、业务部门和经营机构团队负责人的职责所在，是管理实践的经常性、基础性工作。在单位和组织中有一些是有能力、有意愿的优秀员工，也存在忠诚度不够、工作积极性不高、学习的意愿和态度不热诚的员工，归纳起来表现为两个方面：不会做，能力问题，培训不足；不想做，意愿问题，激发不够。

杰克·威尔奇认为："在你成为领导之前，成功只同自己的成长有关，当你成为领导后，成功同别人成功有关。"作为企业的中、基层管理干部最重要的两件事就是抓执行和培养下属发展激励人才。

沙晓春老师在兴业银行星蓝璀璨中级领导力培训课时把员工分为四类：一是没能力、没意愿的员工，称之为R1员工；二是没能力、有意愿的员工，称之为R2员工；三是有能力、没意愿的员工，称之为R3员工；四是有能力、有意愿的员工，称之为R4员工。培养上述四种类型下属的四种具体培养方法：一是对于R1员工，采取S1培养方法，即告知规范；二是对R2员工，采取S2培养方法，即培训技能；三是对R3员工，采取S3培养方法，即参与改善；四是对R4员工，采取S4培养方法，即授权发展。

员工分类是相对的。在不同的阶段，面对不同的工作，员工的意愿和能力会产生动态的变化。因此首先客观分析下属，尤其"90后""95后"等新生代员工带来的工作新力量和职业价值观的特点等等。其次因人而异，因材施教培养下属的职业精神、业务技能和学习创新能力，关注关心员工的工作体验和工作与生活的平衡及身心健康等，营造拴心育人的内部环境和共同学习成长的良好组织氛围。

肯·布兰佳和斯滨塞·约翰逊在《一分钟经理人》一书中写道：一分钟目标，一分钟称赞，一分钟更正。培养下属最重要的是：给出及时正确的反馈。一分钟目标，布置安排工作要简明扼要，具体明确；一分钟称赞，员工做得对做得好的领导要及时表扬；一分钟更正，员工做得不对做得不够的领导要及时纠正和指导。

俗话说，尺有所短、寸有所长。没有带不好的下属，只有不会培养下属的领导。关键在于管理者要经常反求诸己，注意发现不同下属身上的优点，善于激发他们不同的激发点，补其所短，用其所长，并注意团队成员的组合，打好组合拳，提升整体战斗力。

1. "90后"与"95后"

2018年，随着第一批"00后"（2000年后出生的）年满18岁集体成年，部分"90后"开始感叹自己老了。如何应用增信、赋能和培养下属等方法对"90后"员工和"95后"员工进行管理培养，是我们必须面对和思考实践的问题。

中央财经大学商学院和北京北森睿正人才管理咨询有限公司组成的中财—睿正联合研究团队通过调研和数据采样分析，挖掘出"90后"这批新生代员工所具有的鲜明特点。中财—睿正联合研究团队认为，较之前世代人群，新生代员工存在四项显著的独特特征：一是更加重视自我体验，而不是他人的感受；二是价值观多元化；三是更加关注工作—生活平衡；四是更加重视自我价值的快速实现。新生代的首要工作价值观维度是：舒适度和安全。"平衡"是新生代员工职业成功观的关键词。新生代员工在工作场所中，除了重视经济报酬和个人与职业发展等传统内容外，还有两项内容：一是工作—生活平衡；二是个人价值受到认可。

我们部门也有一位"90后"小朱，她是从美国留学回来的硕士，部门的人戏称她"90姐"。小朱工作效率高、悟性强、学习能力一流，乐于助人，心细如发，是个优雅耿直girl。但因为年轻，缺乏经验，有些工作还比较青涩，差点火候。因此，我对"90后"员工管理培养的体会有：一是尊重、平等。自信、进取有抱负、重视学习、寻找工作生活平衡和崇尚自由平等是他（她）们身上的优点和特性。但也怕吃苦和受气，缺乏长期在一个工作岗位奋斗的韧性，工作不顺心就可能"裸辞"。作为管理者首先要把过去老套的管理经验和所谓权威先清零，顺势转变管理惯性思维和认知方向，以更加包容的心态和人性化的管理方式尊重个性、平等相待。比如，小朱有每年出国旅游一趟的习惯，但凡工作能安排开或她利用长假出国我都批假。二是"传帮带"、赋能。"90后"员工经验不足，但学东西快。对于小朱，我让她的科室经理进行传、帮、带。平时分行组织的各种培训和会议多让她参加。平时她向我汇报工作喜欢通过Notes发邮件，一般我看到了都及时邮件回复，并表扬肯定这种好做法，但同时也提示她有些心急，重要的工作除了发邮件还必须当面汇报加以确认，防止没看到邮件误事。三是规则、沟通。"90后"员工崇尚自由快乐地工作，同时比较讲规则。因此要跟他（她）们多沟通、讲道理，用情感柔性影响，并用制度加以约束。只要我们用心琢磨、公平公正、引导得法、表扬激励有方、大胆使用，"90后"员工的成长进步指日可见。我们北京分行已经有几名"90后"走上支行长和团队总监的岗位。

"95后"的员工大多是2017年刚刚走出象牙塔的新新群体。他们是更具互联网思维玩着"王者荣耀"等手游长大的当代员工，他们喜欢"二次元"，知识面广、懂得多，时尚前卫、自由乐观，自我意识强，更强调工作的体验和价值，具有一定的内驱力。但他们缺乏工作经验和实操技能，处事比较直接生硬。他们中有相当一部分人认为，现在团队应该是志同道合的"去中心化"管理，这样的团队才会拥有更强的主人翁意识和自我驱动的力量。他们喜欢和佩服有前瞻性、远见卓识、专业能力强和有影响力、感染力及公平公正以身作则的管理者。

我们部门选调了一名2017年从北京理工大学毕业的"双学士"小姜。小姜是"95后"的"小鲜肉"，与我这样的"老腊肉"同部门共事。小姜逻辑清楚，表达能力强，悟性高、学东西快，工作充满活力与灵气，懂得到脉脉等社交媒体上去招聘，还拉一手好手风琴。对小姜的管理培养和赋能，我主要进行了以下工作：首先让小姜所在科室几位同事时不常对他工作上手把手教；其次在部门工作例会上让他发言，并及时给予工作上的肯定表扬和点评鼓励。分行组织演讲比赛，我让他代表部门参加，给他各种锻炼的机会；三是及时指导，一旦工作出现不知所措或者不到位小纰漏及时指导和纠正。比如小姜负责招聘面试协调安排，经常是口头或电话通知相关面试官，我及时指出既要口头提前通知，还要提前短信（微信）通知，这样时间地点留在领导手机里也有个备份。

管理有章法无定法，难在因人而异，贵在用得其所。对于像小朱、小姜这样的"90后""95后"职场新生代群体，他们怎么样未来就怎么样，不贴标签、给他们多些耐心和空间是我们这些"老前辈"能够做也应该做的。

2. 老员工

中国有一句俗话"家中有一老犹如捡个宝"。这是讲老人在家中的重要作用。同理，老员工对单位的作用也很重要。他们往往是单位里的"度娘"，单位的很多事可以找他（她）"百度"。如何发挥老员工的作用，值得管理者和团队负责人思考与探索。

前不久，有一位团队负责人和我聊起，他们团队中有一位在兴业银行北京分行刚成立时就入行的老员工，是比他大几岁的部门副职。曾经这位老员工一度有船快到码头车快到站的心理和消极应付的工作态度。对于这位曾在R3（有能力、没意愿）和R4（有能力、有意愿）之间左右摇摆的老员工，他主要是按照参与改善的方式进行管理引导。

一是针对老员工求稳定和想安全着陆的心态，激励老员工站好最后一班岗，增强对工作的投入度。她在北京分行工作18年，无论在工作知识和技能以及对政策制度的了解把握上都很有经验，总体上是一位忠诚度较高的"老兴业人"，但创新意识和工作态度略有不足。对此，激励引导为主，没有对她过于苛求，而是鼓励她把该做的工作做到位。

二是多尊重，采取双向沟通与参与式管理引导。积极聆听她对工作的想法和建议。对于老员工，有时需要实施单独的政策，可以私底下解决问题，一般不可在表面上与老员工闹僵。尤其在私底下和老员工打交道的时候，你会发现老员工是很好说话的，也是非常愿意配合你的，只要把话说开，把事情挑明，没有什么不能解决的事。很多她经手的工作都是由他和这位老员工共同做决定。一些工作放心放手让她独当一面去完成。

三是经常在部门大会上表扬这位老员工的为人和职业素养，褒奖其工作表现和做人做事的风格，让部门新员工多向她请教，使她有受尊重的成就感。因此，她也乐于带学徒，辅导讲解很耐心。为了工作传承，还让她承担编写历年总行、分行相关工作文件汇编，把各种资料整理好、移交好、传承好。

四是关心关爱。在奖金分配和节假日慰问方面给予合理关心，在请假看病上给予关怀和照顾。

后来，这位老员工满55周岁光荣退休，退休前她兢兢业业站好最后一班岗，且工作交接得很顺利、很妥贴，表现出很高的职业经理人的素养。

关心老员工、尊重老员工、发挥老员工的作用，让"兴火"相传，也会激发其他员工的积极性，增强大家归属感，营造良好的组织工作氛围。

3. 特殊员工

在职场，员工是否处于激活状态，与管理者有很大的关系。作为团队负责人，只要用心把管理方法有意识地应用到日常工作实践中，慢慢地就会发现自己和员工都在成长和改变。

前段时间，有一位团队负责人和我谈到，他所在的团队有一名员工是某某长的直系亲戚，过去感到这名员工很有个性比较难管。参加总行中层干部领导力培训回来后有意识地应用换框、增信和培养辅导等方法，感觉效果一点一点在改变。一是换框。通常意义的换框为正面看法，改变自己过去先入为主和戴有色眼镜的心态，纠正有关系等于没能力的偏见。换框后觉得有关系不是员工本人的错，也并没有影响工作，反而她能够利用社会资源在对外协调关系方面为行里做了一些事情。同时，换框还锻炼了处理复杂情况和管理引导"刺头"员工的思路和能力。二是增信。增信是增加互信，互信则能更好地增信。相信员工的品德和工作能力，在工作安排和活动组织等方面给予信任、支持及鼓励。不要事无巨细、斤斤计较，在一些细小的工作上放心放手是最好的安排。三是辅导。金无足赤，人无完人。尺有所短，寸有所长。资源型员工的专业水平往往有所欠缺，办事办文办会有时差点火候和缺少历练，但可以通过加强辅导、培训培养和手把手地教加以锻炼和提升。尤其刚开始时,放心但不放手,安排工作事前交待事中跟踪指导,评价工作以表扬鼓励为主但不迁就。慢慢地锻炼她使其成长和有担当。最近通过留意观察,发现该员工的确在不断成长,工作上也开始能够独当一面。

最近有一位支行长问我,如何对升职落空的员工进行教育引导和培养？这位支行长讲到,他们支行有一个关系户,他认为自己的经历和能力应该有职位,可能当初也有人给他"画饼"了,但实际没有得到职位,所以工作不积极,而且负面牢骚话很多,影响也不好,能否给一些建议？针对这个问题,我给出的建议,一是作为支行领导要亲自出面找该员工沟通谈话一次,肯定过去的成绩和现在的积极上进的想法和表现,引导其升维和调整心态。同时开宗明义地指出,只要工作干出业绩早晚都会有晋升的机会。二是也可以先若无其事地冷处理一段时间,让他(她)自己慢慢平复,再找机会与其谈心交心,进行鼓励肯定与表扬,尤其在公开场合多点名表扬。三是有意识安排一些任务和机会加以锻炼并进行跟踪考察。

作为团队负责人还要注意培养部门向上的氛围、正确的价值观,提高员工主动学习的意愿和思考问题解决问题的能力,自发愿意向R4(有能力有意愿)员工努力。首先,作为管理者,要让部门员工明确共同目标和愿景,理清工作思路和努力方向。通过大会小会倡导良好的价值取向。其次建立并加强考核和奖惩制度,对员工积极向上和为组织创造价值的进行正向表扬和激励。对与组织倡导的价值取向背道而驰或起反作用的进行批评和惩罚。通过奖优罚劣进行正确引导,弘扬正气,表彰先进,调动团队的士气和凝聚力。第三,坚持问题导向。在部门和员工中大力倡导发现问题是能力,解决问题是进步。有什么问题解决什么问题,什么问题实出首先解决什么问题。第四,倡导学习型组织。通过长抓不懈在部门内部形成比学赶超的良好局面,增加员工的内驱力,通过岗位锻炼,学习培训,增强工作积极性、主动性和专业能力,成为名副其实的有能力有意愿的R4员工。

人活着,谁都不完美。严要求,但不苛求。换框、信任、辅导,给他(她)一些成长的时间和耐心。只要管理者正视"问题",主动解决"问题","问题"员工不再是问题。

4. 职业倦怠

婚姻有七年之痒，职业有三年之怠。在招聘、离职谈话和与员工谈心中发现，一些员工存在程度不同的职业倦怠感。职业倦怠感轻则使员工工作有瓶颈感，工作热情和激情下降，有的出现抱怨情绪，有的甚至从R4（有能力有意愿）员工变为R3（有能力没意愿）员工、R2（没能力有意愿）员工变为R1（没能力没意愿）员工，重则离职跳槽。

近日，我与一名工作有能力但积极性不高的员工谈话。这名员工是一名海归研究生，她在支行当柜员四年多，业务比较熟练，但最近看到一些员工或晋升或调往分行部门，而自己无论文凭和专业能力都具备却还原地踏步，工作积极性开始下降，出现了明显的职业倦怠，上班迟到而且三天两头请病假，还因服务态度不好被客户投诉。支行和会计主管电话反映到分行。分行由我和运营管理部负责人找她谈话。于是我们应用参与式的工作方法进行双向沟通和鼓励引导。一是对她的学历文凭、业务能力和近年在支行工作成绩给予肯定，同时也指出最近工作表现上波动的事实。二是倾听她对工作和个人职业发展规划的真实想法和意见建议，分析其深层次真实的原因和诉求，鼓励她报名参加分行运管部后督岗位和作业中心以及其他岗位的竞聘，并指出干好本职工作才能赢得更多更好的机会。三是举一反三，对全分行具备研究生学历却还在柜员岗位的人员进行摸排梳理，并把名单优先推荐给分行缺编的管理部门。同时还拟对该柜员后期表现进行跟踪，如果确实表现突出，人力资源部还将联合分行运营管理部建议给予优先调岗和晋升的机会。四是向分行党委领导写出高学历柜员逐步转岗的分析报告和建议。

这次与R3（有能力没意愿）员工双向沟通谈话的管理工作实践让我体会到，员工工作积极性下降，R4（有能力有意愿）变R3（有能力没意愿），一般来说主要是差在管理者忽视了他们的真实想法和诉求以及适时正确的引导。员工有能力没意愿，主要应当反思的是管理者。通过反求诸己，我们就会发现，往往是差在不善于培养员工，没给员工锻炼的机会，差在有没有建立规范的制度和流程、标准，差在没有建立公平公正的竞争机制及时兑现奖惩。因此，作为管理者要善于解剖麻雀，举一反三，通过个别现象找出共性、规律性、普遍性的问题加以解决。

如何帮助员工度过职业的倦怠期？结合自己几年从事人力资源工作经验，觉得以下几点可以尝试：

一是加强培训和启迪引导员工升维。员工之所出现职业倦怠期，主要是单一的工作岗位、按部就班的重复和舒适区的惯性思维让其思想懈怠，久而久之便没了新鲜感和工作激情。加强培训或通过谈心启迪引导升维，可以帮助员工开阔视野，碰撞思想，通过升维重新思考和审视本职工作，抽离负向语言行为和情绪，变截杀式思维为建设性思维，从而实现自我超越、飞升和穿越，重新焕发工作激情。

二是对员工进行增信、赋能和激励。对员工不放心不放手，往往就限制了他们的思想和工作主动性和创造性。信任和赋能既是对员工的尊重、认可，也是一种激励。而激励本身可以让员工焕发新的动力。激励不单单是物质的，平时的尊重、通报表彰、上台领奖、文化体育活动的开展、银企联谊和休假的保证、外出培训的机会和阳光分享等都是很好的激励。让员工阳光心态看待本职工作，发扬工匠精神，把事做好、做精、做出新高度。

三是进行岗位轮换和交流。现在员工一般不喜欢长时间在一个岗位工作，尤其是"90后"新生代员工。员工一般对自己的职业生涯都有大体的规划和期待。而作为组织要想方设法为员工提供清晰可见的职业晋升规划和通道。比如柜员，就有支行柜员—分行运营管理部后台员工—支行会计与合规主管—支行领导等的晋升路径，还可以转岗当客户经理、理财经理或选升到中后台管理部门业务管理岗。而且近年来交流和轮岗也是严监管的要求和银行本身内控合规的需要。适当的工作单位和场景及同事圈的变换，会让"鱼"游动起来从而保持活力。

四是进一步优化组织。十九大后，国家各级政府开始逐步合并和组织优化，政府部门效率在提升，机制体制的力量进一步焕发。这也给我们启发，随着社会和经济金融形势的发展，组织优化是流程银行和价值银行的现实客观需要。我们这几年也在进行改革和流程再造，但局部仍有优化和适时微调的空间和需求。只有组织优化了，流程简化了，员工工作减少无谓的内耗、无用的程序，减少无用功，降低沟通协调成本，使工作效率更高、心情更愉悦，防止内部沟通协调麻烦而心力交瘁，从而产生倦怠感。各级对组织和流程的优化升级都有相应的责任。管理者和员工的主观能动性也对组织起到补充和不可缺少的作用。

激活组织，才能更好地激活员工。

5. 离 职

员工离职，是HR经常要面对的。现在的职场基本不存在一个职业岗位干一辈子的事情。来来走走实属正常，尤其"90后""95后"这些新生代加入职场后，一个岗位能干一年以上到三年合同期满的就属于正常。有的在单位内部轮岗，有的则选择离职。员工离职的原因是多方面的。员工和单位的关系主要是在一起合不合适、舒不舒服的问题，很难论清是非曲直。即使单位再舍不得人才，一旦他们有好去处，也会无障碍放行和祝福。同理，即使有些被解聘的员工心有不甘，甚至产生对单位的怨恨情绪，但大多数都会念想或感谢单位和同事与自己一起走过的岁月。不管怎样，大家好聚好散。

作为分行人力资源部门的负责人，我经常要与提出离职的员工谈话与沟通，虽然谈了但绝大多数还是留不住，且只能大体了解这些离职员工的想法和离职的原因。2018年北京市各家股份制商业银行的员工离职率大约为8%。关于员工离职的原因，有微信文章引用某位名人的观点，离职原因无非就是两个：钱没给到位、心委屈了。其实，远没这么简单。员工离职的原因更复杂，各种各样。如果归类，我认为主要有以下几种：一是出于职业发展考虑，因发展空间受限而辞职。前不久其他股商行"挖"我们分行辖属某支行副行长，就是用更高职位来撬动的。今年，我们引进北京同业的人也是如此。二是出于薪酬待遇考虑。有的客户经理和团队负责人就看哪个银行或非银金融机构考核指标和薪酬福利性价比，哪儿高就奔哪儿去。三是由于工作和考核压力。股份制商业银行考核压力大，一些营销人员因业绩达标有困难和工作压力大而选择辞职。还有少数员工因为业绩不达标被辞退。四是因去互联网公司、新经济企业、非银金融机构和自主创业等原因选择辞职。近年来，新经济和互联网头部企业成为吸引人才的高地。五是与直接领导气场不和或与组织价值观不同，难于志同道合。六是营销的业务项目与单位风险偏好不匹配、难落地。七是家庭原因。前不久某支行员工为了生二胎提出辞职。八是其他个性化的原因。

当前，金融业普遍面临如何吸纳优秀人才、保留骨干员工以及员工队伍结构优化和能力转型提升等挑战。有员工才有业务，有业务企业才能生存和发展。只有留住人、用好人才能真正形成良性循环。真正的战争发生在战争之前。作为团队负责人一定要未雨绸缪，对于员工工作状态和情绪要给予更多的关注和关怀，用治未病的方法去关爱员工、培养下属。作为组织要真正发挥平台的服务保障和对员工的支撑作用，营造公正公平和拴心育人的企业文化和内部良好氛围，提升组织对员工的支持度和价值度。让员工既有危机感培养狼性意识和市场打拼能力，又有归属感，切实提高员工对企业的认同度和忠诚度。

"聚是一团火、散是满天星"。在一起工作时，大家多珍惜同事的情谊和缘分。离职了也留下职业素养和良好的口碑。出去转了一圈又想回来的也有。曾经的同事，永远的职友，这也许是理想的状态，也是当今职场应该有的模样。

他山之石——

带团队，要多为员工着想

我从2011年担任支行行长到现在已有八年时间，我带的团队也经历了合并、重组，管理实践和培养下属一直在路上。然而，最近发生的一件事却让我印象格外深刻。

故事发生在我们团队一名有能力有意愿的R4员工身上。这位员工老张在我们银行工作了13年，是一位比我还老的"老司机"了，我们2006年开始共事，我在2011年成为支行行长以后陆续把手上重要的客户交给他维护，这几年来他任务也完成得很好，可是就在今年4月，我们准备参加机构客户存款招投标的业务，这已经不是我们第一次参加这类业务了，这个客户也是我们多年维护的大客户了，而且这一次如果中标至少能安排5亿元的机构存款。拿回邀标书后，我们仔细商讨了方案后老张开始跟进负责落实具体流程，我负责行里和客户的沟通协调，为这个标书我们前后忙活了半个多月的时间，可以说我们势在必得。客户投标工作安排在4月末的最后一个工作日。老张提前一天来通知我："明天下午4点30分到客户会议室集中交标书和开标。"我们反复检查了投标书所有的内容，计划第二天下午3点出发去客户那里，就在这天下午2点老张突然冲进我的办公室:"领导快、快、快走,来不及了!"我顿时莫名其妙:"怎么回事啊?"但看到他手里已经揣着标书就急忙站起来叫上司机和他一起往外跑。看他一脸苍白,我有种不详的预感:出问题了!只听他嘀咕了一句:"我看错时间了,应该是今天下午14时30分。"我的头好像被砸了一下:从行里开车过去平时要一个小时啊,看来这次投标要泡汤了。我深深吸了口气对着司机指挥道:"快开车!老张你负责看路。"车子冲出了分行。我坐在车后座如坐针毡、心急如焚。我压住心中火气默默地闭上了嘴,一路心中默念:员工是自己的,发火解决不了任何问题。这一路我们三人拧成一股劲,我负责指挥、老张负责看路,最终司机按时赶到了指定地点,我们14点30分顺利提交了标书。

回行里的路上,车里的气氛再次凝结了,我很想好好大发脾气批评下老张,但这个时候我想到了领导力培训时老师说过"表扬四次才能批评一次",我沉默了,上回表扬他还是一个月前的阳光分享吧。回来的路上我把这件事在脑子里整理了一遍,老张虽然看错了时间,但是这大半个月的时间里他确实付出了很多,为了不断完善这个投标书加班加点,我应该先给他一个肯定。而且我自己对时间点的跟踪督导也不够。冷静下来后我开始有了疑问:老张怎么会犯那么低级的错误呢?他怎么了?下车的时候我轻轻地说:"你们辛苦了!"当然,车里还是一片寂静,回到办公室我在团队工作微信群里点名表扬了老张为这次投标工作的努力。眼看着同事们都开始收拾东西准备回家过"五一"了,我发现老张一直没有离开而是呆呆地坐在办公室里。我拿了两罐冰可乐把他叫到了办公室,他开始向我解释和请罪。我问他:"除了这个业务本身让你有那么大压力以外,你最近还有什么情况么?"老张有点意外和难为情地看着我说:"最近家里搞装修,和施工单位有点摩擦,女儿今年刚读一年级,老婆就找了份工作,可没想到老婆实习期比我还忙,女儿每天下午3点放学后一个人在学校门卫室等几个小时。"我听他讲完心里也不是滋味,老张跟我共事那么多年,最近他家里发生那么多事,我却一概不知，我安慰了他以后主动提出帮他解决困难。过"五一节"的时候，我收到老张的节日祝福短信，结尾有一个努力和爱心的表情，我马上就回复了，彼此心照不宣地接受了相互谅解和友好的信号。节后老张工作恢复了状态。

这件事虽然过去了，但我却经常提醒自己，员工是自己的，带团队要多为员工着想。作为负责人，平时要给他们更多的关心和爱护。要时刻提醒自己，提升自我，把领导力培训学到的管理方法和技能应用到我们的工作实践中，用心地去带好团队、培养好员工。本色做人，投入做事。人生没有彩排，但可以更精彩。

（本篇内容作者为兴业银行上海分行　吴爱华）

他山之石——

运用同理心，激发员工热情

2018年1月1日，我从分行企金条线调整到了零售条线任部门总经理，上任后我有点懵圈。面对着零售业务纷繁复杂的业务品种和零售本身琐碎而又辛苦的工作特点，我显得茫然无措。于是我找到了我的前任领导求助。这位前分行零售金融部负责人，因为工作能力强，零售业绩表现突出，已经被总行提拔任用。我找到他诉苦："您零售金融业务做这么好，我这是高位接盘，压力很大，下一步我该咋办？"他给了我一个只有两个字的锦囊：客户。我茅塞顿开。抓住了客户，不就是抓住了零售业务的根基和本源吗？于是我立即回办公室打开分行零售部的组织架构图和员工花名册想找一名客户维护推动专员，我将目光锁定在了零售信贷板块征信管理岗的伟娜。伟娜，长头发，大眼睛，"90后"女孩，是重点财经院校的研究生，有上进心，同事对她的评价是非常聪明。她在零售部业务管理岗位上已经干了五年，有一定的业务管理经验。这个客户推动的专人专岗非她莫属。于是我把伟娜叫来，一番简单的沟通之后，伟娜也比较配合地接受了这次岗位调整。我把工作目标向她简单阐述，然后想着年轻人有上进心，放手让她去做。

两个月之后当我拿到分行零售数据分析表时，心里咯噔一下。一季度是分行零售业务发展最关键的黄金时期，分行的储蓄存款日均增长了7亿元，而客户数下降了4000户。我顿时怒火冲天，马上叫来伟娜。我说："伟娜，客户数量已经如此惨不忍睹，你没有及时向我汇报，还要等着我来找你，你不要跟我讲任何客观原因，你只告诉我这两个月你为客户推动工作做了什么？"伟娜被我的愤怒震惊到了，唯唯诺诺地说了一句："我做了数据分析。""只做了数据分析，银行请你来是专职做'表妹'的吗？"谈话就这样不欢而散。

2018年3月份，我带着如何培养下属的问题来到了上海张江之畔参加总行星蓝璀璨领导力培训。学习中我知道了，是我的模式参与了问题的制造，要升维。于是带着学习收获，带着满满的正能量，我回到了工作岗位，第一件事就是请来了伟娜跟她谈心。我说："伟娜，你看3月份的数据显示，我们的客户指标已经止跌回升了，说明你的工作取得了成效，下一步你有什么想法呢？"我当时心想，我得用学到的领导力"葵花宝典"把这个R3（有能力无意愿）员工变回R4（有能力有意愿）员工。但是伟娜似乎并不买账，她只是低着头跟我说："领导啊，我觉得我没做什么工作，这可能是个自然的增长，而且我还想了很多天，想跟你提个建议，我希望能够调我回征信管理岗，我很担心因为我自己的能力不足会影响客户推动这项业务的发展。"

当时我的心里又咯噔一下，我这学到的"武功"还没发出去，她就想撂挑子了。这怎么办？瞬间我想起领导力培训时老师的一句话，同理心倾听非常重要。于是我只跟她说了三个字："然后呢？"伟娜回答："然后，我会做好征信管理岗的工作，会把控风险，会一如既往地认认真真履职，我也会在这个岗位闲暇的时候做一下有关营销和推动工作。"回答似乎很完美。这时我知道，她的情绪还没有宣泄出来，于是我深吸一口气，又跟她说了四个字："接下来呢？"她说："接下来，我就可以继续我每一天平凡而平淡的工作和生活。"说着说着，她突然停顿了一下，似乎想到了什么，然后刹那间打开了话匣子，继续跟我说："其实我是知道的，客户推动的岗位价值远比我征信管理的岗位价值要大，可是我遇到了几个解不开的问题。第一，我没有客户推动的工作经验，第二，我没有得到领导的任何支持和帮助，第三，我人微言轻呀，我想去做客户分层工作，推动支行营销，可是支行员工他们都不听我的呀。"这时候我知道，我们的谈话见效了。于是我赶紧抓住这一点对她进行赋能。我说："伟娜，你刚才的话中提到了很关键的四个字，客户分层，这是抓好客户推动工作的一个关键有效思路和方法，说明你的切入点是对的，那么顺着这个思路，你有没有想过，我们可不可以在客户分层的基础上，对每一个层级的客户做一个流失、降级客户的提升呢？我们可不可以在降级客户提升的过程中，对各层级的黑、白、黄客户的触达率做一个达标竞赛呢？我们可不可以面向我们的客户，做一个客户推荐客户、桃李相送的全行活动呢？"听到这里，伟娜的大脑似乎一下子活跃起来了，她的心里也涌起了很多的情绪和想法，她开始抬起眼睛看着我，在那一刻我看到她的眼眶湿润了，她略带哽咽地对我说："黄总，如果您还信任我的话，我愿意按照您的方法再试一试。"四目相对的那一刻，我知道，改变正在发生。在接下来的两个月的时间里，我和伟娜商讨问题多了，她向我汇报工作也多了，我对她的指导也多了，还多次采纳了她的建议。她的工作热情得到了充分激发，经常和总行对口业务部门联系，还提出了很多好的合理化建议，得到了总行业务部门的表扬。三个月过后，零售业绩盘点结果显示，分行零售客户精准营销工作成效显著。总行还让天津分行在全行半年工作会上做了经验分享介绍。

伟娜的改变和进步进一步启发了我，作为管理者我们不但要用对人，还要善于运用同理心对员工进行赋能，激发员工的潜能，让行为改变自然发生。

（本篇内容作者为兴业银行天津分行　黄吕洪）

第四章 向上沟通

著名管理学家杰克·韦尔奇的助手罗塞娜·博得斯基将自己14年的助理生涯整理成册，著书立说，提出了"向上管理"（managing up）的概念。在她看来，管理需要资源，资源的分配权力在你的上司手上，因此，当你需要获得工作的自由资源时，就需要对上司进行管理，实际上是与上司进行最完美的沟通。

向上管理，是从战略上配合上司的作风和目标，并将其与自身的作风和目标融合起来，从而能够有所作为，辅助上司并实现个人的职业目标。即为了给你、你的上司和公司取得最好成绩，而有意识地配合上司一起工作的过程。如果再扩展一下，向上级机关和外部监管部门的请示汇报和沟通工作也是向上管理的一部分。向上管理不完全等同于向上沟通。两者存在内涵的差异，前者的内涵要大于后者。但也不尽然，中国语言文字的丰富性在于字词有指代和转换作用，因此向上沟通也可以理解为或等同于向上管理。因为向上管理这个话题在现实中比较敏感，我个人认为，在国内的职场把向上管理表述为向上沟通更为贴切。

有组织和团队，就有领导和部属，有领导和部属就存在向上沟通的事情。可以说，向上沟通也好，向上管理也罢，这是职场中一个绕不过的重要话题。尤其在现实中，职场人光有才华是不够的，情商也非常重要，有些事只能做不能说，有些事只能说不能做。有时作为部属还要经得起批评，受得住委屈。归纳起来就是做事要进，做人要收，多做少说，加强沟通协调，提升职场的成熟度。

德鲁克先生"辅佐上司八大原则"：

1.不要低估上司。

2.不要让上司感到意外。

3.上司是你赖以发挥才干的第一人。

4.上司也是平凡人。

5.问上司如何才能更有绩效。

6.让上司了解能对你期望什么。

7.用上司之长。

8.补上司之短。

北京大学陈春花教授在她的《向上管理，与你的老板互相成就》一文中写道：所谓向上管理，我的定义是"为了给你、你的上司和公司取得最好成绩而有意识地配合你的上司一起工作的过程"。由这个定义可见，向上管理的核心是建立并培养良好的工作关系。

陈春花教授认为，向上管理，简单地说，就是迎合上司的长处，尽量避免上司的短处，自问："我/我的下属怎么样做才能使得上司的工作较为顺利？"为了实现建立并培养良好的工作关系这个核心目标，做好向上管理，主要包括五个方面：

第一，要建立和谐的工作方式。和谐的工作方式要求采用双方能够接受的形式处理问题、交流看法并明确各自的职责。这种关系类似于团队角色的关系，每一个人的角色都是不可替代的，各自更关心的是荣誉，而不是权力；是责任，而不是地位；是互补，而不是彼此的差异。

第二，要不断提升相互的期盼。相互期盼，对于提升各自的能力和管理效果是最关键的因素。在多数情况下，得不到好的结果，是因为彼此的不理解和失望。生活中有一句很流行的说法"因理解而分手"。我觉得大家可能误会了这句话，如果因为理解而分手，那么，就意味着在合作的开始阶段，并没有很好地交流各自的期望。等到能够理解各自的期望的时候，才发现相互无法达成对方的期望，最后只好分手。在与上司的配合中，非常重要的是要经常沟通双方的期望，并通过不断地提升期望，来提升各自的能力。一旦形成这样的状态，双方都会发现对方是一个最好的参照物，不自觉地提升自己的期望，使得各自都逐步上升到一个新的高度。

第三，要确保信息流动顺畅。组织管理中，最困难的是组织信息管理。管理不好组织信息是组织失控的根本所在，因为一个组织所要传达的信息是一个隐性因素，同时，组织信息本身又是组织状态这个系统的描述。向上管理的一个构成方面就是信息流动，包含的命题有：组织信息的正式传递、组织信息的过滤、组织信息的发布、组织信息的沟通方式、"意见领袖"、组织信息的形成与控制，等等。所有的命题中，贯通的要素就是你和你的上司之间的信息流动。你们之间的信息交流是否顺畅是很重要的，为此，一定不要借助第三者来流动信息，更不要对信息有所保留，否则都会影响信息流动。

第四，要有诚实和可靠的关系。如果你和上司之间只能用一种状态来描述的话，那就是诚实可靠。向上管理是相互依赖的关系，不是管理与被管理的关系，是配合和协作的关系。作为下属，永远不要让上司觉得难堪：事前警告他、保护他，以免在公众前受到屈辱；永远不要低估他，因为高估没有风险，低估会引起反感或者报复；对上司不要隐瞒。这些都是形成诚实可靠关系的要求。

第五，要合理利用上司的时间与资源。上司的时间与资源都是要争取的内容。时间的意义在于可以让信息流动顺畅，可以感受各自的期盼。时间最好的作用是能够带来一个可以信任的机会。上司的资源最直接的功效就是为你的工作提供帮助，每个上司都希望他能够为公司的工作发挥作用。很多时候我们忽略了这一点，很多管理人员得意于独自解决问题，自豪于独立完成任务，但是他没有想到，也许借力会有更好的效果。

王俊华老师在兴业银行星蓝璀璨领导力培训课上提出，完善的辅佐的八个要素：

1.自动报告你的工作进度——让上司知道。

2.对上司的询问，有问必答，而且清楚——让上司放心。

3.充实自己，努力学习，才能跟上司进步，了解上司的言语——让上司轻松。

4.对上司保持起码的尊重——让上司受敬。

5.虚心接受批评，不犯二次错——让上司省事。

6.不忙的时候，主动帮助他人——让上司有效。

7. 毫无怨言地接受任务——让上司满意。

8. 对自己的工作，主动提出改进措施——让上司进步。

王俊华老师还谈到向上管理的"三个要点""四个关键词"。"三个要点"，即获得信任、储蓄影响、向上沟通。"四关键词"，即明义、暗利、愚忠、隐功。明义——道义的事情，要做在明处，让大家都看见，而且要以领导名义去做。一个下属做事情的时候，要时刻记得以领导名义奉行道义，倡导高尚情操，有功了不居功，特别是把道德教化的功劳、苦劳、疲劳都归于领导。这叫作树领导形象。暗利——帮领导争取合法利益的事情要做在暗处。下属要真诚地把迎来送往、接待买单等领导不便做的事情承担下来，用合理合法的手段为领导争取合法利益。这种做法尽管是没有任何问题的，但是也要做在暗处，不张扬，不必让领导本人操心和参与。愚忠——越是有本事的人越是要表现自己的忠诚。古往今来，忠诚的最好姿态是什么呢？是以愚为忠。也就是在执行领导意图的时候，要放弃自己的聪明，停用自己的智慧，甚至办傻事，装糊涂。唯有此，才见赤胆忠心。隐功——有了功劳要善于隐藏，不张扬不卖弄。功劳被别人传播出来是金子，被自己卖弄出来就成了黄土。领导的眼睛雪亮，完全不必向领导表功；群众的眼睛也雪亮，在群众面前要尽量把功劳都归于领导。如果群众没能发现你的功劳，那么也没有关系，领导一见你宁可把自己隐藏起来也要维护领导威信，那他一定会对你信任有加、赞赏有加的。如果领导一直没有关注到，作为部属应当淡泊名利，心胸坦荡，不去计较得失。路遥知马力，日久见人心。

总之，在管理实践中我们要充分认识向上沟通的重要性，学会向上沟通的方法和技巧。要使上司发挥所长，不能靠唯命是从，应该从正确的事情着手，并以上司能够接受的方式向其提出建议。学会如何在组织的框架限制下做事，如何向上司汇报沟通工作、争取支持，如何跨平行部门沟通协调工作，如何争取获得你想要的支援或资源，同时协助你的领导和组织达成他们的目标。

1. 重视向上沟通

职场中人，大多数既是下属的领导，又是领导的下属，都面临向上管理和与上司沟通的问题。也许有人认为自己听上司吆喝脚踏实地把活干好就是对上司最大的尊重和支持。持此观点虽是对的，但仅此是不够的。向上沟通就是化被动为主动。向上级机关和外部监管部门的请示汇报和沟通工作也是向上沟通的一部分。

一是向上沟通出发点正确是根基。向上沟通不是投机取巧，也不是投其所好，更不是玩弄权术和在领导之间搬弄是非以及向领导打小报告、告黑状，甚至指鹿为马汇报不实情况，而是为工作向领导汇报真实客观的情况和结果，让领导了解他（她）关注的信息，争取领导的支持和解决问题，有时还为领导决策提供方案和参考。

二是了解领导的性格特征和管理风格。提前进行预测和有针对性地向上沟通，防止出现平时不烧香、临时抱佛脚的急促和被动局面。尤其是要有换位和升维思考的意识。学会经常问自己四个问题：假如我是领导会希望下属怎么做？对这件事会怎么处理？会如何调配资源解决问题？会喜欢怎样的汇报沟通方式？

三是靠谱才能赢得信任。假如下属做事虎头蛇尾，办事有上文没下文，漂浮不定或情绪不稳定，这样很难让上司放心。微信上好几篇文章都提到，

"一个人靠不靠谱，其实就看这三点：凡事有交代，件件有着落，事事有回音"。

四是善于向领导或上司借力。老大难老大难，老大出面就不难。请领导出面约谈重要客户，适时安排领导与重要客户一起用餐，请上司在重要会议上动员（或总结）讲话等等。

五是有为才能有位。在自己工作的领域要专注专业，做本职工作的专家。这样才能为领导决策提供有参考价值的信息依据和科学合理的建设性的建议。

六是理解上司的用人之道。在许多单位领导用人都是任人唯贤与任人唯"亲"结合。领导既高人一筹也是平常人，而且还要考虑和照顾方方面面的关系，常常会用有能力的人、用有资源的人，用知根知底的人、用放心的人，这些都是正常的。因此作为下属不抱怨、不较劲，面对信息不对称和客观现实，努力做到不理解也要执行，在执行中理解。

2. 向上沟通之正职篇

向上沟通是一个比较敏感的话题，但实际工作中我们经常要面对，这是一个绕不过的敏感话题和很重要的实践。

我在武警部队工作多年，转业后在兴业银行北京分行工作10年，经历过很多任武警部队的各级领导和银行的领导。领导们的个性性格和领导风格都不一样，但他们的水平和格局都比我最初想象的高。真是应验了一句话，"领导职务有多高，水平就有多高"。

多年的工作实践让我意识到，向上沟通非常重要，必须认真对待和实践。尤其要根据领导和主管风格采用不同的方式方法。我主要在以下四个方面进行努力和尝试。一是向上沟通主要目的在于汇报请示工作，信息畅通最为关键，让一把手所关心的工作处在视觉或意识的掌控范围之内。要针对一把手领导的风格采用相应的沟通方式。一般来说，"汇报工作总分法，请示工作选择题"。坚持定期通过短信、微信或当面向领导汇报最近做了哪些工作及下一步的工作安排，让领导知道我们在干什么、怎么干，同时将一些重要的工作提前汇报和提示领导，以求获得他的支持和指导。二是要始终保持对单位的忠诚，获得领导的信任。通过认真做事、踏实做人、提升执行力和工作效能来储蓄影响。在重要的事项上要提前提合理化建议，最后让领导拍板，切不可自作聪明而犯上。尤其领导交办的事接手有表态、中途有反馈、完成有回音。三是通过积极正向充分的沟通获得领导的好感和支持。请示汇报重要工作最好当面请示；请示着急的事情，先发个短信（微信），十分钟左右再跟个电话；一般的工作则发个短信（微信）即可。不要事无巨细牵涉领导精力。四是工作要干出符合领导预期的成绩。要跟着领导的思路和导向，抓好本部门职责工作和目标任务。能出成绩、能打硬仗才更能体现下属的价值。我在武警福建总队工作期间，有一位总队领导曾经说："上级送给下级的最好礼物是公平公正，下级送给上级最好的礼物是工作干出成绩。"这对我们向上沟通很有启迪意义。

前段时间兄弟分行有一位支行长问我："当你的上司比较重视结果，往往只让你汇报结果，而你付出大量的时间和精力，结果却不够理想，如何向上汇报？"这个问题，让我想起一个成语故事。相传曾国藩率领湘军与太平天国作战，屡吃败仗，曾国藩上书朝廷，言及屡战屡败，经李元度把"屡战屡败"更改为"屡败屡战"，以显示曾国藩率领湘军奋勇无畏的作战精神。后多比喻虽然屡次遭受挫折失败，仍然努力不懈。虽然结果是败，因为汇报时把"屡战屡败"改成"屡败屡战"，境界立马不一样了，屡败屡战精妙地汇报了愈挫愈勇的过程和精神，受到朝廷的嘉奖和后人的称赞。这也启发了我们向上管理如何汇报工作的思路和角度。同样也是汇报结果，可以把同比、环比以及同业数据、集团系统内的情况进行结果类比，分析宏观环境因素、监管政策调整的影响等等。当然汇报这些的前提是客观、真实，不要让领导觉得你在找借口，尤其有多大的领导就有相应的智商和觉察水平，下属辛勤的付出及平时努力一般跳不出领导的眼睛和内心。

"道虽远，不行不至；事虽难，不为不成。"向上沟通也好、向上管理也罢，要有担当意识和虚怀若谷的心态，献策而不决策，到位而不越位。

3. 向上沟通之副职篇

如何对副职领导进行向上沟通？根据20多年的工作实践，本人也有几点思考和实践。

一是多尊重。协助一把手分管的副职领导虽然是副职但却是更直接的领导，必须多尊重。这几年我也经历了好几任副职领导分管过我工作的几个部门的工作。尽管每位副职领导性格都不一样，有的人格特征是偏重直觉和行动力强的表现型，有的是看重成果与效率的支配型，有的是习惯协调与关怀他人的友好型，还有的是理性和谨慎的分析型，但尊重是最大前提和公约数。不可耍小聪明。一般来说不要绕过副职直接向一把手请示汇报工作。除非副职领导明确表态或授权，或者是一把手直接找到我们或直接交代工作。

二是常汇报。常汇报就是要经常汇报请示工作，就是多沟通和通气，以获得副职领导的理解、支持和认可，就是让领导了解你做什么、怎么做或做了什么怎么做的。有些细小的工作副职领导直接拍板了，有些则是要和副职领导一起修改、把关方案然后提交一把手拍板或单位党委研究。因此常汇报沟通是让分管的副职领导全面了解情况，并且他会为所分管的部门做好上传下达和指导帮助，使信息更加透明，工作更加顺畅。

三是求平衡。对于分管的副职领导，也要通过认认真真做事、踏踏实实做人储蓄影响。通过积极正向、充分的沟通获得领导的好感。尤其要注意协调副职与正职之间的关系。当副职对某人某事的看法意见与正职不一致或相左时，要做好充分的沟通、阐述和平衡工作。委婉但清晰地告诉副职正职的意见或交代我们部门的事项，有时则是把副职领导的意见反馈给正职，给正、副职领导思考酝酿和完善方案及决心的时间。

四是出成绩。领导最关心的是"一出一不出"，即出成绩不出差错。也就是说副职领导对所分管的工作都想出成绩，所以把工作做好了而且不添乱就最大的支持和拥护。

正职领导也好副职领导也罢，都不要低估领导的智商和格局，如果你觉的副职领导不够高明，那是你自己的想法。也不要过于期待领导的完美和万能，领导既然不是神就有局限性和多面性。因此如果领导把你当朋友那是你的荣幸，如若不然工作上多尊重、常汇报、求平衡、出成绩，做好我们该做的，一切都是最好的安排。

4. 平衡与灰度

很多管理者可能会遇到这样几个棘手问题：（1）领导不满意、不认可你的某一次意见建议和部门提交的一个方案；（2）几个领导意见不一致，你不知听谁的；（3）领导有时绕过你给你的副手、助理或其他下属交代某项工作；（4）员工的表现很难用优秀还是不优秀非此即彼来评价。

管理是一门科学，领导是一项艺术。管理并不是非错即对、非黑即白那么简单。好的管理既讲原则又讲弹性，是原则性与灵活性的结合。管理中最重要最难的是中间的灰色，灰色管理是在黑与白的管理之间寻求平衡。任正非曾经说过："我们常说，一个领导人重要的素质是方向、节奏。他的水平就是合适的灰度。一个清晰的方向，是在混沌中产生的，是从灰色中脱颖而出的，方向是随时间和空间而变的，它常常会变得不清晰。并不是非白即黑、非此即彼。合理地掌握合适的灰度，是使各种影响发展的要素在一段时间里达到和谐。这种和谐的过程叫妥协，这种和谐的结果叫灰度。"任正非还在《管理的真相》一书中谈到："明智的妥协是一种让步的艺术，妥协也是一种美德，而掌握这种高超的艺术，是管理者的必备素质。"尤其是在向上沟通过程中，很多情况下是在做妥协和平衡的工作，这也是职场成熟度的标志。

一是从工作出发，以退为进，以大局为重。由于信息不对称，或领导考虑问题的角度不一样，遇到意见建议不被采纳、方案被否定时，应先从自身找原因、求改进。作为下属要多进行反求诸己。

二是因上司而变，多方协调中求平衡。见人说人话见"神"也说人话，不饶舌、不搬弄是非。堂堂正正做人，明明白白做事。

三是学会让步妥协和灰度管理。既不要当面"好好好是是是"，背后依然故我，也不要当面对抗，更不要背后应付了事。不与平行部门发生激烈的冲突。

保持积极、理性、宽容和开放的心态，消除莽撞和武断，多理解领导的难与权衡达变，多想领导的对和丛林智慧，多站在上级机关和外部监管部门角度考虑问题，多学习其他平行部门工作或同业的优点和长处，多听同事的不同意见，多提有思想、有见的、有深度、有灰度的建设性意见建议。坚持原则性与灵活性结合，多维思考，舍末逐本，适当让步。有担当、求平衡、获共赢。

5. 平行部门的沟通与协调

工作中，我们经常遇到跨平行部门的沟通协调问题。要有意识地应用升维、换框、有效沟通等工具对跨部门工作进行沟通协调，做到"三个负责"：为最终成果负责、为工作衔接负责、为人际关系负责。

首先，重视跨部门的沟通协调。一个单位的工作是一个整体，是一盘棋，虽然各部门职责有分工，但有些工作经常需要互相配合。如果不重视和及时沟通协调就容易形成无形的"部门墙"，影响工作效率和效果，也影响单位组织目标的达成。协同力也是领导力的重要组成部分。认知上，要多从"我"到"我们"；行动上多从"我们"到"我"。跨部门沟通协调搞定关键人很重要。一般由部门一把手和另外部门一把手面对面容易达成共识、扩展认知或求同存异。有时，具体经办人对具体经办人也好沟通。

其次，为他人着想，换位思考。通过升维、换框和换位思考比较好沟通。当别的部门、同事找我们会办、配合工作时，我们要积极主动。久而久之，找对方配合工作也变得容易。平时与其他关联多的部门多走动联络感情加以软性管理协调也很重要。平时多走动，战时好协同。

第三，用事实和数据说话。当意见有分歧时，尽量反复沟通磋商，并用数据说话，多分析利弊得失。只有出于公心，分析透彻，才能打动对方，争取支持。深度倾听、有力提问、有效反馈，"复杂问题简单化，简单问题数字化，数字问题流程化，流程问题框架化"。

第四，善于借力用力，四两拨千斤。遇到部门之间分歧大的工作，谈不拢的可以通过邮件把吸收对方的观点合理部分进行修改后的方案再发给对方重新征求意见，同时也留下痕迹管理。只要时间，允许部门之间可以反复磋商，切不可一有分歧就去找分管领导打小报告或用领导压对方。当然，遇到"疑难杂症"，请领导出面也有必要，但要慎用，不到万不得已尽量不用。有时通过第三方部门或找具体拿方案或审核方案的经办沟通，迂回沟通或由下至上协调，往往起到事半功倍的效果。

他山之石——

向上管理

通过领导力之向上管理课程的学习，我们知道：主管有多种类型，包括偏重直觉与行动的主管、看重成果与效率的主管、习惯协调与关怀他人的主管、较为理性与做事谨慎的主管等。接下来，我们进一步学习了与不同类型主管进行沟通的方式方法和注意事项。比如，面对直觉行动派的主管，他希望开门见山、言简意赅的沟通方式。而如果用同样的方式与理性谨慎型的主管沟通，他也许会觉得你并没有认真完成他布置的工作。简言之，向上管理沟通方式的要点是先判断主管类型，然后根据其类型选择相应的沟通方式。

这里，我们不难发现，确保这种沟通方式有效是有前提条件的，那就是下属对主管类型的判断是准确的。而事实上，一方面，我们主观上对主管的判断可能存在偏差；另一方面，从客观上来说，很多主管并不能完全归于某一类型。退一步讲，即便我们对某位主管的判断是准确的，但是也很难保证这位主管是否按套路"出牌"啊。比如，今天主管遇到一个烦心事，或许是自己喜爱的球队输了比赛，或许是家里的"熊孩子"在学校闯祸被叫去开"家长训导会"。这种情况下，主管的类型可能就与以往不同，以上的应对方式也就失效了。所以,我想就向上管理做一个补充和延展。

以我个人为例,我接手公司的计划财务部工作一年多时间了。由于工作性质,我与"主管"们的沟通成为工作中一个重要的环节,这些主管既包括公司内部的领导,也包括公司外部的监管部门的领导。接下来,跟大家分享我的一次"向上管理"的"失败"经历。

在公司某个会议上,我提交了八个工作议题。对于这八个工作议题,首先,我按照议题的重要性排序,并按照重要程度准备议题的汇报材料;其次,我站在"主管"的角度,判断其为果断型的领导,也就是我们课程中学习的"直觉行动派的主管",并根据该主管的类型和偏好有针对性地准备这八个议题。刚开始汇报进行得比较顺利,直到进入第六个议题。第六个议题是关于下属子公司提成的二次分配问题。在我看来,该问题并非重要问题,因此我将其排在第六位,也没有对该问题进行过多准备。当领导问起某个提成比例时,我大脑一片空白,一时语塞。直到会议结束,静下心来,我才想起那个提成比例是多少。而面对直觉行动派的主管,我也没有机会再弥补这个失误了。事后,我对这次工作汇报进行了反思:第一,做任何工作都要严谨细致,确保万无一失;第二,不要妄想管理你的领导,要回归到工作的本源,管理好你的工作,方能管理好你的领导,"以不变应万变"。

结合自身的工作经历,我认为:所谓的向上管理,其本质是如何与自己的上级相处,包括工作汇报和日常接触。对领导类型的判断只是我们与领导相处的一个大致的判断,如果要形成一个和谐的工作关系和长期的良性互动,前者的关键在于领导布置工作的完成情况,后者的关键在于礼节的把握和尺度的拿捏。这也就是我们所说的"自我管理"和"修心"。当我们真诚地面对我们的主管,同时脚踏实地地把工作做好,才可能真正实现"向上管理"的理想状态。

(本篇内容作者为华福证券 谢融)

第五章 人力资源

管理实践手记

人力资源（Human Resource，简称HR）是指一定时期内组织中的人所拥有的能够被企业所用，且对价值创造起贡献作用的教育、能力、技能、经验、体力等的总称。被誉为人力资源管理开创者的戴维·尤里奇（Dave Ulrich，美国密歇根大学罗斯商学院教授），最早提出了"人力资源"的概念。在此之前，人力资源被叫做"人事管理"（Human Management）。他认为，现在唯一剩下的有竞争力的武器就是组织，因为那些传统的竞争要素，如成本、技术、分销、制造以及产品特性，或早或晚都能被复制，它们无法保证你就是赢家。

"人力资源"前身被叫作"人事管理"，其传统职能就是为员工支付薪资福利、招聘和解聘人员。全球化趋势给企业带来新的挑战，企业要在竞争中占有一席之地，不仅要不断提高自己的制造能力或提供产品和服务的能力，同时还要兼顾质量、顾客、营销和品牌等多个方面，这就需要企业必须建立一个和谐的团队，一个高效的组织。人力资源部门就是帮助企业创造、维护组织能力的部门。

现今时代，人力资源变得越来越重要。对于企业来说，竞争对手可以模仿企业的资金渠道、战略和技术，却不能模仿企业中的人。尤里奇认为，HR人员的素质可以影响19%可控的企业绩效。他的研究结果显示，"只有大约50%的企业绩效处于管理层的控制之内，其他50%可能是源自政府、天气等不可控因素。在可控的企业绩效里，19%取决于HR人员的素质"。显然，提高HR人员的素质，已经成为提高企业绩效的一个捷径。

人力资源领域经历四次浪潮：一是人事管理；二是人力资源管理；三是战略人力资源管理；四是人力资本价值管理。

尤里奇主张，在新的形势下，人力资源部不能仅仅是行政支持部门，还应该是企业的策略伙伴、变革先锋、专业日常管理部门和员工的主心骨。他认为，要为人力资源部门制定全新的职能和纲领，让它不再把重心放在员工招聘或薪资福利这样的传统活动上，而是把重心放在结果上。也就是说，人力资源部的意义不在于做了多少事情，而在于给企业带来什么成果——帮助企业创造多少价值，为客户、投资者和员工提供多少增加值。人力资源部的新使命要求人力资源工作者彻底改变自己的思维方式和行为方式。同时，新使命还要求高管人员改变对人力资源部的期望及与其打交道的方式。他们应当向人力资源部提出更高要求，把人力资源部门当作一项业务来投资。

人才是第一资源。HR既要在H上下功夫，又要在R上做文章。HR转型不仅需要HR自身转型为HR高手，还需要让直线经理成为HR高手，更需要企业家成为HR高手。人力资源已经成为企业管理人员管理和领导力不可或缺的重要组成部分。当前人力资源已经从传统的"选、用、育、留、退"到担负"上接企业战略、下联业绩提升、组织优化、人才队伍、赋能激励、人力沙盘、人力资源价值挖掘和企业文化及顾主品牌建设"等使命。

市场的竞争，某种程度就是人才的竞争。如何吸引人、培养人、留住人，为想干事、能干事的人创造好的平台环境，是一个企业发展的永恒主题。尤其在当今易变、不确定、复杂和模糊的VUCA时代，战略生态化、组织平台化和人才合伙化渐成趋势，需要我们不断思考组织、人才和组织与人才的关系。华为的"三个一切"（一切为了前线、一切为了业务、一切为了胜利）成为很多企业学习的标杆。当前商业银行处在转型发展、创新求变的关键时刻，普遍面临如何引进和留住优秀经营人才，如何解决好员工个人的成长和希望与企业的发展目标相向而行，如何提升关键岗位如团队负责人的敬业度、业绩达标率等问题。兴业银行北京分行近年来按照总行"商行+投行"战略，实行了四个战略，包括外延扩张与内涵提升战略、人力资源达标战略、产品货架战略和阵地战战略。正如总行人力资源部副总经理何双钢在总行"兴火动力"高阶人力资源管理者培训开班致辞中讲到的"心怀战略、密联业务、抓住人才"。人力资源工作已经上升到分行的战略层面，如何以战略的思维和业务视角去开展HR工作，如何对员工进行愿景价值观引领和赋能，如何激发一线团队负责人的内生动力，提升敬业度和业绩水平，降低目标人才主动流失率，助力企业健康持续发展，是我们人力资源工作的重要课题。

1. 人力资源工作实践与探索

企业最重要的资产是人才，人才是推动企业发展的核心要素。兴业银行北京分行自2000年1月在北京市成立以来，在北京地区市场上攻坚克难、砥砺前行，各项事业取得长足发展。近年来，北京分行坚持"内涵提升与外延扩张相联动"的发展战略，各项工作齐头并进，在北京的市场竞争中赢得了良好的业绩和口碑。这与总行、分行党委抓人才引进和队伍建设是分不开的。抓队伍建设说到底，离不开人力资源的五个字：选、育、用、留、退。

选人："众里寻他千百度"。人员招聘与配置是人才队伍建设的第一步，其宗旨是"引进合适的人干合适的事"，实现组织对员工数量和质量的需求与人力资源的有效供给相匹配。近年来，我们围绕分行整体发展导向和经营指导思想，多管齐下，狠抓人才供给管理和人才引进工作。首先，不断拓宽招聘渠道，解决员工数量缺口。利用本行官网、分行招聘微信公众号、猎聘网等招聘网站及北京各大高校校友会等各类招聘平台发出需求，招贤纳士；推进内部竞聘工作常态化，实时梳理各业务条线、各支行和分行各部门空缺岗位和缺编情况，按照分层分类的方法，有序开展岗位内部竞聘；同时，鼓励员工根据分行用人需求，推荐合适的备选人才。其次，严控编制，优化结构，规范标准。从2018年开始，分行以缓解人员质量缺口为主导，不断优化人员结构，将编制向引进营销人员倾斜，同时严控管理岗位人员编制，力争使分行营销类人员与非营销类人员的比例更加合理。另外,围绕市场盲区和阵地战的要求实施人才引进,进一步规范招聘标准,原则上新引进人员需满足年龄35周岁以内和"211、985"院校和重点财经类大学毕业、志同道合等要求。最后,加大精准引人力度。为加快人才引进节奏,提高人才引进的效率和质量,逐步搭建起分行、条线、中支、支行四级人才引进架构,实施精准引人,不断提升分行人才队伍建设质量,为分行各项业务持续发展打好基础。

育人:"爱材养育我复论"。人才培养是人才选用的基础环节。谈及育人,首先离不开的就是加强培训。分行以创建学习型企业为目标,遵循"集中管理、分层实施"的原则,致力于开展多层次、多样化的培训,帮助新员工快速适应新环境和新工作,促进老员工不断提升专业技能。总行层面的培训项目有星蓝璀璨、睿蓝远航、卓蓝绽放、青蓝飞扬等;北京分行层面的专题培训有企金大讲堂、零售大讲堂、金市小课堂等。分行新员工培训和业务条线的一些培训依托总行的兴知学习平台的"兴+播"线上直播培训,还有各类专题讲座以及理财师大赛、内部培训师大赛、运营技能大赛等。各种牌照管理和考试更是提高了员工专业水平和合规经营意识。分行员工培训覆盖率达100%。这些培养的是员工的终身就业能力,蕴含的是分行培育人才促其不断成长的理念。分行还积极推进后备干部管理机制建设,并在应届毕业生招聘中启动管理后备干部(管培生)招募培养计划,迈出了分行后备干部梯队建设的坚实步伐。

用人:"不拘一格降人才"。引进优秀人才之后,如何做到人岗匹配,实现职得其人、人尽其才,是人才队伍建设的一大难题。为此,我分行不断完善岗位轮换和内部晋升机制,构建横可进出、纵可升降的用人体系,为员工的职业生涯发展提供平台和支持。一方面,推进落实定岗、定编、定责工作,制定出台《兴业银行北京分行重要岗位交流管理办法》,为明确岗位职责、促进员工横向交流提供制度保障;另一方面,进一步完善内部竞聘选拔机制，重视但不唯学历、年龄、资历，大胆使用本职工作岗位业绩突出、作风优良的员工，鼓励想干事、能干事的年轻员工脱颖而出、快速成长。同时，分行高度重视员工多元化管理，注意组织内部人员胜任特征的互补性，从营销明星到业务骨干，从基层标杆到管理型人才，分行汇聚多层次多样化的人才，用人所长、用人所愿、用其当时，将员工实际贡献与薪酬、晋升、培训等直接挂钩，为人才的成长营造鼓励创优、崇尚创新的良好环境，为想干事、能干事的员工提供干成事的平台。

留人："非关好景留人醉"。如何吸纳、留住精兵强将，是许多金融机构当前面临的问题和挑战。虽然银行同业薪酬水平差异性比较小，但非银行金融机构和互联网头部企业招聘引进人才却更用力。分行更注重将组织平台助力人才潜能发挥和建立长效考核激励机制、福利保障措施等作为吸引和留住人才的主要因素。在激励机制方面，分行强调"以综合业绩论英雄"，不断优化营销序列人员基础薪酬和绩效考核方案，鼓励资源丰富、业绩优秀的员工综合经营、条线联动、多劳多得，并打通晋升通道，为表现突出的员工提供广阔的职业发展空间。不断完善各序列各岗位人员准入和退出机制，留住人才。在福利保障方面，为增强吸引人才的竞争力和员工的归属感，不断优化福利体系。除了以待遇留人、以事业留人，还以感情留人。感情留人的实质，就是文化留人。大力倡导简单内部关系的家园文化和回归本源的合规经营文化，组织开展丰富多彩的企业文化活动，每年组织员工体检、大力发展各类俱乐部、逢年过节慰问员工，通过人文关怀来感召人才，营造拴心留人的内部环境。近年来个别员工离职以后还想回到兴业银行北京分行大家庭，员工与兴业一同发展、一起成长已经不是梦想。首都兴业人像充满希望的种子一样，落地生根、开花结果——绽放最绚烂的色彩，收获最丰硕的果实。

流动："吹尽狂沙始到金"。人才合理流动才能实现人才动态优化配置，改善质量缺口。工作中我们积极探索如何实行末位淘汰和转岗，减少低产能、低效能员工。一是设定合理的标准界定低产能、低效能，协调条线和部门考核计量，通过定量定性考核实现0-5%合理流动转岗和顺利退出。目前我们分行在考核标准制定上指标力求科学合理且简洁明了，达标线综合考虑内外部情况，靠近目标、贴近实际、自我加压。二是考核上充分发挥科技力量用数据说话，发挥条线、用人部门的主动性。退出上，培训、考试、警示、对口辅导、待岗、转岗综合使用，取得了一定效果。三是人员跨条线、跨工种和跨经营机构合理流动转岗，提高人岗匹配度和适岗率。

未来已来。如今商业银行转型成为热搜词。这也深深促动了我们对人力资源在银行转型中的作用的思考与实践。作为区域分行的人力资源工作，既要坚守和保持定力，又要改变创新、久久为功。我们努力在以下四个方面下功夫：

第一，把握一个方向。即上接总、分行的转型发展战略，下联经营机构的业绩提升。努力实现从人力资源传统的"选、育、用、留、退"到组织优化、人才队伍建设、企业文化建设（雇主品牌建设）和从人力上挖掘资源的转变。

第二，坚持"两个着眼"。一是着眼于外延扩张。分行提出了"设网点、建队伍、维客户、卖产品、增营收"的工作思路。在互联网及科技金融带来的支付革命背景下物理营业网点是否有必要扩张？具体情况具体分析。一般而言股份制商业银行尤其是像我们北京分行这样物理网点布局与北京同业比仍较少和区域覆盖明显不足以及利润增长能够包住的情况下，物理网点建设适度扩张是实现弯道超车的重要路径。"因用户而变，与时光同行"。新建网点应突破过去传统的网点模式，减少高柜增加开放式的柜面服务，并着眼于智慧银行、价值银行建设，探索以智能机具为主，实现物理网点的轻型化、智能化和综合化。在网点扩张和转型中，人才的供给管理尤为重要。我们坚持外部招聘引进和内部选拔"双轮驱动"。二是着眼内涵提升。一方面通过构建多层次培训体系，打好组合拳，把更多的员工变成有意愿有能力的员工。建立培训与人才盘点系统，线上线下齐发力。培训内容紧紧围绕业务要用内容的"三点"即重点、痛点和难点上下功夫,提升业务指标,切实让培训成为业务价值链的一部分。同时对公共部分如后备人才和管理干部思维能力、领导力的培训也抓紧抓实。另一方面,通过完善奖惩机制加强考核激励和薪酬福利改善以及畅通内部竞聘和晋升通道,大力开展企业文化和价值观宣贯引导,增强员工的归属感,激发员工的积极性和创造性。

第三,做好"三项服务"。服务员工、服务一线、服务业务。把我们北京分行人力资源部门的每一个员工的工位都打造成一个服务窗口。编写了《北京分行员工手册》发给每一位员工。新员工入行无论社招还是校招培训都把医、社保以及兴业银行的各种福利保障详尽地告诉员工作为必上课。我们还建立了北京分行补充医疗微信群、退休员工之家微信群等,耐心细致地为全分行员工包括已经退休的员工服好务。

第四,落实"四项措施"。一是主动作为。凡事预则立、不预则废。人力部门只有提前谋划工作,才能化被动为主动。二是问题导向。有什么问题解决什么问题,什么问题突出首先解决什么问题。发动本部门员工"头脑风暴"查找部门工作中存在的问题。同时欢迎基层员工提意见和"吐槽"。特别是分行在OA系统上建立了"问题导向系统",收到有关人力资源的问题和建议后我们及时办理和反馈。三是优化工作流程。树立设计优化和管理服务思维,进一步优化和规范人力资源的工作流程。如招聘、请销假和因私证照以及岗位资格、牌照考试管理等,建立了人才盘点系统和招聘及请销假电子化智能台账系统。四是提升效率。加强人力部门自身建设,通过团队建设、阳光分享、专业培训、限时办结和设立互相补位和联动机制等,用专业、科技及协调合作使人力资源工作更高效,助力企业转型发展,为"创建一流银行"进行积极的探索和不懈的努力。

2. 人力资源数据分析

团队负责人和HR应具备的两种重要的思维：一是战略思维；二是数据思维。数据指标分析是人力资源管理中非常重要的一项工作。

前不久，我们分行领导说："这两年员工流失率好像有点高，你们人力资源部抓紧提交一份关于员工流失率的调研分析报告。"我们人力资源部马上组织人手对近两年员工流失的数据指标进行了分析。我们从以下九方面对员工流失率进行分析：(1)总体情况；(2)与兴业银行系统内的一类分行对比；(3)与北京同业(股份制商业银行北京分行)对比；(4)条线分布；(5)岗位分布；(6)区域分布；(7)行龄分布；(8)离职原因构成；(9)下一步对策措施建议等，清楚明了地阐明员工流失的真实情况和行业对比中所处的位置。比如通过分析可知，2018年上半年兴业银行北京分行员工流失率为4%，与北京同业的4.5%以及系统内的一类行的5%相比，均在平均线以下，而且4%的离职员工中，有一部分是分行各条线通过加强对低业绩人员的关注和督导，主动淘汰掉业绩持续较差、无法适应分行发展节奏的冗员。分析报告用数据说话，客观地反映了当前分行及同业员工流失的真实情况，打消了领导的担忧和顾虑。再如，我们通过人力资源数据分析，比较清楚地掌握人员数、质量情况(含数量缺口和质量缺口)以及结构情况，为招聘配置、人员供给管理、内部调整晋升提供依据。可以说，人力资源数据指标分析建立了HR和老板、直线经理、员工的数字化沟通平台，使人力资源工作更加科学规范。

一些培训和咨询研究机构对人力资源的数据指标分析和数据挖掘非常重视。中人网提出的"四力（元动力、生产力、胜任力、驱动力）模型"和才报数据指标站在业务的角度看企业的战斗力状况，并衡量人才对企业的贡献。"四力才报"重点指标有，一是元动力：（1）组织使命愿景价值观共识指数；（2）组织战略共识指数。二是生产力：（1）人均效益；（2）组织目标达成率。三是胜任力：（1）关键岗位员工胜任率；（2）岗位及时满足率；（3）目标人才主动流失率。四是驱动力：（1）员工敬业度；（2）领导有效性。

在日常HR工作中，数据指标分析有两种：一种是综合的人力资源季度分析报告或人力资源年度分析报告；另一种是人力资源中的某一专题分析报告，如员工流失率分析报告、薪酬诊断报告。综合的人力资源分析报告常用的有以下数据指标：一是员工人员数量指标：（1）期初人数；（2）期末人数；（3）统计期平均人数；（4）员工增长率；（5）员工流失率；（6）新员工入职人数；（7）新员工转正人数。二是员工人员结构指标：（1）岗位分布；（2）区域分布；（3）性别结构；（4）年龄结构；（5）学历结构；（6）户籍结构；（7）行龄结构；（8）干部结构。三是员工异动情况：（1）人员新增情况；（2）人员减少情况。四是人力成本情况：（1）用工成本总体情况；（2）各业务条线用工成本情况；（3）各类岗位用工成本情况；（4）各区域用工成本情况；（5）编外员工用工成本情况；（6）员工产能情况（人力资源费用率=人力成本总额/营业收入总额，人工成本利润率=企业利润总额/人工（人力）成本总额）。五是培训开展情况：（1）培训开展情况；（2）牌照考试情况。六是日常管理重点工作：（1）组织建设；（2）队伍建设；（3）招聘配置；（4）薪酬福利；（5）员工关系及管理等。

在人力资源数据分析过程中，除了数据分析的相关技巧、图表处理外，关键是数据挖掘和分析，为领导决策和工作改进提供依据。分析时有一个环节很重要，就是各个模块的数据指标的选择。任何的人力资源的数据指标都是有意义的，我们在做数据分析的时候不是为了分析而分析，每个数据指标都是从问题的分析角度出发的，所以在进行数据指标选取的时候一定要围绕报告主题选取关键指标，从中读出一些重要信息。同时，也要防止平均数的误区和个体数字失真而产生的误导。比如，人力资源数据分析在分析人员缺口方面应注意把握两点：一是当遇到人员缺口时优先解决质量缺口问题，而不是我们日常工作中"缺就补"的简单直接补数量的做法。其原因就在于质量缺口不容易解决，而实际工作中我们往往会从简单的数量缺口入手，存在人员短缺和人员冗余并存的局面。二是要思考如何解决质量缺口问题，这就需要我们人力资源部门对各业务条线用工情况、人员情况有详细的全面的了解，而不是仅仅视业务部门申请，要分析缺口在哪里，到底是质量缺口，还是数量缺口，做好人才盘点。只有这样才能有针对性地做好编制管理，发挥员工的潜能，提升企业人力资源的整体效能。

此外，招聘本身有时间周期。即使当前不缺编也要提前做好招聘和人才引进工作，因为随着时间推移，未来可能由于员工离职而出现数量、质量缺口，这完全可以通过历史数据分析进行提前预判。还有如果单位发展处在成长阶段，随着单位业务的发展和业绩利润提升，编制也会相应增加。

3. 人才队伍建设

人才是最宝贵的战略资源，是推动各项业务创新发展的核心要素。如何用人决定了一家企业的健康度。当前国内外经济金融形势复杂多变，特别是互联网等新技术带来的支付革命以及利率市场化、金融脱媒的冲击和影响，新型金融服务模式不断涌现，市场不确定性日益凸显。我国金融业人才队伍建设普遍面临如何吸纳优秀人才以及员工队伍结构优化和能力转型提升等挑战。

华为说，人才不是企业的核心竞争力，对人才的管理才是企业的核心竞争力，人才是需要经营的。

近年来，我们北京分行在监管机关和兴业银行党委的正确领导下，扎实抓好队伍建设，员工结构日趋合理，专业化水平不断提升。但是队伍数量、业绩、素质"三达标"差距仍比较大，人才引进缓慢，优秀专业人才储备明显不足。凡事预则立，不预则废。变则通，不变则壅。北京分行党委领导提出了"理清思路、明确目标、选人用人、强化考核"的十六字指导方针，抓好队伍建设和人才引进工作，切实提高核心竞争力。

精准引人。人才办行，人才兴业。在激烈的市场竞争中谁抓住人才谁就会赢得先机。拥有优秀人才的企业，就会有强大的驾驭市场和创新能力，而优秀人才也需要有一个好的组织平台来激发潜能和发挥价值。分行根据业务发展和金融服务需要加快人才引进和队伍建设。引有专业水平和资源禀赋的优秀经营人才，引回归本源、改革创新的优秀管理人才，要引志同道合、踏实肯干的优秀实干人才，为想干事、能干事的人提供干成事的平台。

精确用人。回归本源，进一步建立完善内部竞聘选拔机制和激励机制。知人善用、能者上任、功者受禄。对本职工作岗位业绩突出、作风优良的员工大胆使用，及时进行表彰奖励。要积极倡导以业绩论英雄和内部关系简单的企业文化，奖勤罚懒，奖优罚劣。落实按月考核监测，按季评比表彰，让优秀人才脱颖而出，价值得到体现。同时落实积极帮扶等措施，不让每个想干事的团队和员工掉队。

精细育人。高度重视创新业务、转型升级和内涵提升的要求，积极构建多层次的员工业务培训体系。同时可结合每个阶段工作重点，组织政策解读、读书月、演讲比赛、拓展训练、客户考察、客户沙龙等活动，提升员工业务和人文素质。严格落实牌照管理制度，内部员工转编、转岗和上岗必须取得相应牌照，加强员工专业提升。重视后备干部（继任者）的培训培养，除业务管理培训和政策解读外，安排公共管理和团队建设方面的内容，组织学习总行"兴知"APP学习平台上的领导力课程。把业务骨干和年轻干部提拔到基层管理干部岗位实践锻炼成长。加强各类人才纵横交流和岗位锻炼，促进各业务之间的交流轮岗，培养业务全面的综合性人才。

人才培养和梯队建设是人才队伍建设的重要课题，是银行持续健康发展的根本。北京分行营销人员梯队建设一般遵从客户经理—团队负责人—支行长—区域中心支行班子成员—中心支行长—分行班子成员的路径。其他非营销序列也都有相应的培养路径。支行行长和中后台部门负责人也开始大胆起用"80后""90后"的年轻人，形成"以业绩论英雄、以能力定岗位"的格局。"60后""70后""80后""90后""四代同堂"，既形成梯次，又同台良性竞争。一般来说，前台和经营机构以及中后台基层以下员工基本上以"80后""90后"年轻人为主体。中后台负责人以及中心支行长以"70后""60

后"为主体。

关于人才梯队建设及后备人才培养,兴业银行杭州分行的做法也值得学习借鉴。近年来,杭州分行针对干部断层、干部年龄普遍偏大的状况,大力培养骨干人才和后备干部。据杭州分行的同事介绍,近年分行重点主导和力推两项工作:一是建立了一个"金种子"骨干人才培养项目,总共分三批,每批培训期限三个月,每一批分外派班和在岗班两个班同步开展,外派班学习主要到总行各业务部门,还有总行子公司如兴业信托、兴业基金公司、华福证券等,还有自己分行相关业务部门等等单位学习。在岗培训主要在现有单位学习,每个月集中四天培训,总共也是三个月,有拓展训练、有跨界学习、有领导力的提升等等。通过"金种子"骨干人才培养计划发现优秀后备人才200余人,占员工人数的10%。二是通过部门和领导等方式推荐优秀后备干部100余人。两种方式共计300余名,这些后备人才进入分行视线后,再通过测评,按季度跟踪监测,按年度调整,分序列、分层级多维度监测和考核,建立起后备中层干部库、后备基层干部库、后备骨干人才库,并实行动态管理,一方面给员工创造平台和机会,提升自我,展现自我,另一方面分行变被动为主动,从容应对干部及关键岗位人员的调整,为分行业务发展提供强有力的人才保障。

长江后浪推前浪,前浪迟早都要回到沙滩上。历史规律不可阻挡。加强培养和岗位锻练,让有思想、有梦想、有能力、有品德的年轻人挑大梁是时代和企业发展的必然选择。

4. 招聘与面试

招聘配置是人才供给管理的主要内容，是HR很重要的工作。目前我们的招聘岗位类型一般分为五类：营销类、营销业务管理类、运营保障类、综合管理类、应届毕业生。招聘渠道分为社会招聘、校园招聘两类。社会招聘是针对已就业的社会在职人员进行的招聘。一般情况下，空缺岗位需要招聘有一定工作经验的人员时常采用社会招聘的方法。校园招聘是针对在校大学生进行的招聘活动。校园招聘的好处在于，大学毕业生具有文化易塑性、可培养性和较好的忠诚度，是最具发展潜质的人员群体。

我们引用漏斗理论来做招聘、抓提升、求实效。一是增加漏斗上面沙子的数量。扩大招聘渠道和规模，增加潜在的招聘对象数量。一方面，通过发动业务条线和经营机构以及广大员工的"四圈"（同学圈、前同事圈、亲戚朋友圈和业务合作伙伴圈），推荐应聘对象。对推荐成功的及时进行奖励。另一方面，发挥招聘专员和HRBP的作用。通过智联招聘、猎聘网、脉脉等网站和单位官网及微信公众号、校友会等渠道收集对口简历进行筛选。二是提高漏斗漏出沙子的含金量。建立人力资源沙盘和候选人台账及备选人才库。把业务条线和经营机构的需求与用人标准及招聘条件分析透，把拟招聘对象的核心诉求搞清楚，结合分行及辖属单位缺编岗位的要求，进行精准匹配，解决岗位胜任力的问题，从而提高精准招聘的命中率。三是加快漏斗漏沙速度。通过优化流程、电子转签、智能台账、集中笔试面试等缩短招聘周期。

面试是招聘最重要的环节。面试核心的内容是"见"和"谈"。主要通过现场、视频等方式进行。作为人力资源部门负责人或直线经理人，招聘面试是经常遇到的事情。面试的主要工作有：

1.面试准备。首先面试组织人员应明确面试的时间、地点、场地，进行面试通知；同时，面试官还需明晰人才标准、熟悉候选人、准备面试问题。面试问题一要考察员工现在的能力，即是否具有目标岗位的知识、技能、能力，是冰山水面之上的部分，主要通过员工工作内容来体现；二要考察员工未来的潜力，是冰山水面之下的部分，主要通过过往职位表现优秀与否来体现。

2.完整面试的构成。面试开场、基本信息提问、行为事件访谈提问、情景面试提问、补充性信息提问、面试结尾问题、面试结束。

3.面试的目的。主要是找人选人。在寻找适岗的人之外，还有其他的辅助功能，如了解同业的行业工作动态、培养潜在客户、塑造企业的永久形象、提高入职后的员工忠诚度等。

4.面试方法。主要采用行为事件访谈法。行为事件访谈法（Behavioral Event Interview，BEI）是由美国哈佛大学心理学教授麦克里兰结合关键事件法和主题统觉测验而提出来的。虽然BEI是在进行胜任模型研究过程中提出来的，但是对于人才的招聘选拔有着非常重要的借鉴意义。一般来讲，行为事件访谈法要求使用看、问、听、记、讲、评，实行以下几个步骤：一是访谈开始阶段的自我介绍，建立融洽关系。二是了解被访谈人的工作学习经验。三是开放式导入问题，引出代表性事件。将面试话题引导到胜任能力问题有两种方式："钥匙"式导入的一般是开放问题，适用于难以开口的面试者或者是开场第一个问题；"大头针"式导入的一般是聚焦问题，对于滔滔不绝的面试者，或者是时间比较紧张的情况下，有目的性地追问具体能力项。四是深入挖掘被访谈者的行为事件，一般采用STAR提问法。STAR模型中，S

代表situation（场景），T代表task（任务），A代表action（你做了什么），R代表result（结果怎么样）。在应用STAR模型时，需要关注有效数据，即应聘者的行为和背后的动机。五是求证被访谈者所需特质，并给应聘者"填补空白"的机会。

用人单位和HR应当把应聘者的能力素质作为人员招聘和面试的原则和标准。重点考察以下几项：知识，指个人在某一特定领域拥有的事实型与经验型信息；技能，指结构化地运用知识完成某项具体工作的能力，即对某一特定领域所需技术与知识的掌握情况；社会角色，指一个人基于态度和价值观的行为方式与风格；自我概念，指一个人的态度、价值观和自我印象；特质（性格），指个性、身体特征对环境和各种信息所表现出来的持续反应；品质与动机可以预测个人在长期无人监督下的工作状态。动机，指在一个特定领域的自然而持续的想法和偏好（如成就、亲和、影响力），它们将驱动、引导和决定一个人的外在行动。

能力素质是驱动员工产生优秀工作绩效的、可观测、可测量的各种个性特征的集合，是可以通过不同方式表现出来的知识、技能、个性与内驱力等。能力素质是判断一个人能否胜任某项工作的起点，是决定并区别绩效好坏差异的个人特征。能力素质模型就是为了完成某项工作，达成某一绩效目标，要求任职者具备的一系列不同能力素质要素的组合，其中包括不同的动机表现、个性与品质要求、自我形象与社会角色特征以及知识与技能水平。

能力素质考察主要有冰山模型。冰山模型是美国学者莱尔·M.斯潘塞提出的著名模型，所谓"冰山模型"，就是将人员个体素质的不同表现表式划分为表面的"冰山以上部分"和深藏的"冰山以下部分"。其中，"冰山以上部分"包括基本知识、基本技能，是外在表现，是容易了解与测量的部分，相对而言也比较容易通过培训来改变和发展。而"冰山以下部分"包括社会角色、自我形象、特质和动机，是人内在的、难以测量的部分。它们不太容易通过外界的影响而得到改变，但却对人员的行为与表现起着关键性的作用。

能力素质模型揭示了员工能力构成的复杂性，据此，我们应对招聘过程中的"三个匹配"原则给予足够重视。"三个匹配"指的是人与岗位匹配、人与团队匹配、人与组织匹配，把握好"三个匹配"对明确招聘标准有着重要指导意义。一是人与岗位的匹配是指一个人是否具备岗位所需的知识、技能、经验、核心素质等。二是人与团队的匹配是指一个人的价值观、工作方式、个人习惯与特点是否与团队成员和团队氛围匹配。三是人与组织的匹配是指一个人是否具备组织当前战略所要求的素质、是否具备组织文化所要求的素质，个人的需求是否与组织的供给匹配。

招聘简历筛选和笔试、面试乃至测评，总体来说就是要将个人供给、需求与企业需求、供给相匹配的员工找出来。

简历筛选主要有以下内容：

1.认识简历，一般简历由七大部分构成：

（1）个人信息：姓名、性别/年龄（匹配度）、婚姻（婚否/生育）、籍贯、居住地（距离公司的远近）、联系方式（个人电话/电子邮箱/微信/QQ）。

（2）教育背景：院校排名/学科优势、全日制/继续教育（在职、自考）、专业（相关专业）对口情况、学历层次/第一教育学历。

（3）求职意向：职位/行业、自我定位、职业规划。

（4）工作经验：公司（地域/规模/性质/实力）、工作时间（起止日期）、担任职务（相关/趋势/下属）、工作职责（内容/业绩）、离职动机（主观/客观）。

（5）项目经验：项目内容、责任描述（主导/参与）、业绩成果、运用知识/人脉/技能。

（6）专业技能：相关程度、专业程度、培训机构、证书含金量、学习能力。

（7）自我评价：文笔能力、突出优势、与岗位/公司的匹配度。

2.筛选简历：

（1）重点查看简历的硬性条件。根据岗位的任职资格（学历、专业、年龄、性别、业绩、软件能力、相关工作经验等），在筛选简历时必须明确岗位的硬性条件。因此，在分析招聘需求时，需要收集岗位的基本信息：该岗位的专业水平需达到什么水平？需要承担哪些责任？在用人部门承担什么样的角色，有几个下属？根据部门现在的薪资承受能力，该岗位的薪资区间是多少？在同行业中，哪些公司的人是可以胜任该岗位的？我们可以根据候选人年龄、学历、工作经历和岗位的特点进行对照，找准适合企业需求的简历。

（2）查看简历的内容。工作内容的相关性。简历上填写的工作经验是否与岗位任职资格相关。工作时间的长短与专业切合度。关联工作经验的时间长短，决定应聘者的专业性与该岗位的切合度；如果是工作时间短，但专业切合度又高，在面试时可以重点考察。跳槽的频率。查看应聘者从毕业到现在所换工作的的次数，一般来说，在短时间内，跳槽次数越多，稳定性越差；行业一般以在同一家公司工作三年及以上为稳定；可以关注每份工作时间的长短，在电话预约面试时，简单了解情况。两份工作间的空档期。注意简历上是否出现较长时间的空档期，如果有，应在电话面试时重点关注。工作所属行业的跨度。工作经验与岗位任职要求的相关性。

（3）辨别简历的真伪。学历与年龄的匹配性。有些应聘者为提高自身素质，会参加成人或者函授类的教育，但在简历上体现的最高学历却以公司对学历要求为准。简历中是否存在自相矛盾的地方，检查简历是否存在水分，要对不符合工作逻辑或者模糊的地方格外当心。

（4）透过简历看应聘者。在同一家公司投递岗位的数量及跨度，可以看出该应聘者没有一个明确的职位定位。如果简历特别有层次感，逻辑性强，重点突出，说明应聘者思维清晰。

这几年，我每年都要参加几十场面试。主要体会就是面试最重要的是当面沟通和"谈"。通过相面、提问、倾听和交流等有效沟通方法对应聘者进行面试，客观了解其外貌体征（含穿着）、学历、工作经历、综合能力、专业水平、社会关系和发展潜力等信息，快速锁定所需目标人选。尤其在社会招聘中，我们主要采用行为事件面试法，通过沟通交流让应聘者回顾过去有代表性的工作事件，考察其未来对我行工作的胜任力及发展潜质。行为事件面试提问注意以下两个问题：一是问问题时要考虑职位所要求的通用的能力素质标准、专业的胜任素质标准、社会资源情况以及企业文化层面上的胜任素质标准即志同道合的问题。在问问题的时候一般要使用STAR工具，也就是说问题要能够使应聘者回答做了什么？怎么做的？结果是什么？追问时，让应聘者讲述自己的经历，描述事件的细节、在该事件中的角色等等。此外，还可给出一定时间让应聘者提出问题。通过这一环节来考察应聘者关注的是什么。比如招聘团队负责人或客户经理，可以问以下几个问题：（1）请谈一谈最近由你主导完成的一个项目（一项工作）。（2）请介绍一下你的前三大客户，你是如何营销和维护这些客户的？（3）当你遇到要求高的客户和个性化的金融需求时，你如何处理并满足客户的需求？（4）你接触和营销一个新的客户群时，如何使这些人成为你的固定客户？尽职调查如何开展，具体怎么做的？（5）近年来，哪项工作令你自己成长和有所突破？此外，面试沟通中不仅要了解考察应聘者的工作能力，还可以顺便了解一些其他信息，如同业业务情况和好的经验做法。

对于应届毕业生，我们面试中重点考察毕业院校、所学专业、是否担任学生干部（含是否入党）、学习能力、沟通能力、思维能力和团队合作。比如学习能力主要从主动学习、及时总结和学以致用三个关键点，通过在校学习、参加社团、实习经历及其事例加以考察。

情景面试法在面试中也经常使用，尤其是应届毕业生招聘。情景面试法是指给被测者创设一个实际情景，考官通过提问追问等言语交流及行为观察，评价其是否具有相关的能力素质的人才评价方法。采用情景面试法的主要原因有四项，面试结果不利于横向比较、工作相关性低、缺乏对特定领域的评判力、应试者倾向于提前准备。情景面试法可分为任务完成型、两难型、应变型三种类型，应变型又可分为紧急纠错、资源调配、客户服务，更适合运用角色扮演的方式进行。应用情景面试法的工作步骤一般包括，明确考察点——考什么，掌握评估标准——什么样的回答是好的，追问深挖——考察得更充分。而情景面试出题的步骤主要包括工作调研、选择题型、题目设计等。

此外，面试过程也是双向考察和选择的过程。无论是用人单位还是应聘者，双方都找到自己主要想要的才是完美的事情和良好职场生涯的开始。

5. 岗位分析及关键岗位序列

岗位分析是人力资源的重要工具和定岗、定编、定责的重要实践。岗位分析同时从三个维度分析，即分析事、分析人、分析方法。分析事，主要分析企业战略、组织目标、工作内容及流程；分析人，主要分析员工素质、能力、性格、智力、技能及人岗匹配和工作的优化成度及饱和度；分析方法，岗位分析有三种经典的方法：一是访谈法。主要是谁访谈、访谈谁的问题。一般由人力资源部门和人力资源顾问或专家组织进行访谈。根据访谈的主题和内容选择各级领导和普通员工作为受访谈对象。根据访谈提纲，采取一对一、一对多、多对一、多对多等方式进行。二是工作日志法。通过以时间为轴记流水账方式，对重点岗位进行记录和分析诊断。三是问卷法。问卷内容设计包括结构性问题、封闭式问题和开放式问题。

岗位说明书是"三定"（定岗、定编、定责）的重要内容，是表明企业期望员工做些什么、规定员工应该做些什么、应该怎么做和在什么样的情况下履行职责的总汇。岗位说明书最好是根据公司的具体情况进行制定，而且在编制时，要注重文字简单明了，并使用浅显易懂的文字填写；内容要越具体越好，避免形式化。在实际工作中，随着公司规模的不断扩大和组织的不断优化，岗位说明书在制定之后，还要在一定的时间内，有必要给予一定程度的修正和补充，以便与公司的实际发展状况和组织优化保持同步。而且，岗位说明书的基本格式，也要因不同的情况而异。此外，职务描述与岗位规范的结果是一个规范的职务说明书。它主要包括八项具体内容信息：职务基本信息、职务目的、管理权限、工作关系（在组织架构中的位置节点）、责任范围与影响程度、工作业绩衡量标准、任职的基本要求和高绩效的要求、薪资收入标准与变化的条件等。

如何选择企业的岗位序列也是人力资源的重要工作。关键人才是企业的核心竞争力。关键人才的培养离不开企业关键岗位序列选择和以此来建立的培训课程体系。岗位一般分类标准有四类：职族、职类、职种、职位。如果以岗位最大的分类标准——职族（如研发、营销、管理）切入，培训课程体系的颗粒度粗，精准度弱。可以以最小的岗位单元——职位（如企业金融总监、客户经理、贵宾理财经理）来切入。为了体现能力成长及职业发展路径，也可以以介于职族和职位之间的岗位序列职种（如中层管理干部、青年后备人才）来做培训课程体系，但并不排除以职类（如企业金融业务）来建立课程体系（考虑企业实际状况）。

关键岗位序列的选择依据：一是选择与企业战略目标的吻合度高，企业高层重视的岗位序列，如企业因战略转型需要各类客户中心业务骨干专业人才、后备管理人才以及互联网金融人才，这也是高层重视的人才，那么可以作为目标岗位序列。二是选择对公司业绩支持力度大的岗位，如营销人员的支行长、各类业务营销总监和客户经理，这也是近年来培训课程体系需求量较大的岗位序列。三是选择现在员工人数多的岗位，如银行柜员。员工人数越多，培训课程体系的覆盖面越广，课程体系的价值就越大。四是选择新增员工多的岗位，如社会招聘和校园招聘的新员工。培训课程体系对于新员工是最容易发挥价值的，新人增加得多的时候，可以以课程体系的方式来匹配学习内容及其发展路径，继而从中选拔优秀人才作为关键人才和后备干部加以培养。

6. 背景调查

背景调查亦称"证明材料核查",指招聘单位通过咨询求职者原单位、从前的上司、最近有机会观察其的人士、曾受教育机构、推荐人等对象,核查候选人背景资料和证明材料等的真实性和有效性的方法,具有补充招聘选拔过程中不足的资料和有助于证实或取得关于候选人资料的功能,是一种能直接证实候选人事实信息的有效方法。招聘单位在行使背景调查时要注意四个方面:一是背景调查不能省。现在一些比较大型、正规的公司都会要求招聘模块里有这一部分,会对一部分新进员工做背景调查。二是招聘单位与应聘人签订应聘者委托招聘单位对其个人进行背景调查和核实的书面材料。即取得被调查人授权。背景调查要让被调查人知情。三是背景调查应当征求员工意见为员工着想,注意把握时间窗口,不能做得太早,给员工在原单位造成影响和压力。四是给予认为有问题的被调查人申辩的权利,并对被调查人的信息保密。我们分行对背景调查一般都是在办理入职前后,主要做好三件事:一是通过银保监监管系统查看是否受违规处分、处罚;二是通过法律与合规部门的内控及工商系统查询是否有在外兼职情况。三是征求对方同意或与应聘者签订背景调查协议(即取得被调查人授权)后通过原单位或调阅档案等方式进行背景调查。通过以上背景调查,把好人员准入关。

背景调查内容:候选人以往的经历(包括工作时间、岗位名称、工作职责、教育经历、薪资水平）、他人的评价等。

通用的规律是：向合适的人问合适的问题、多问数字少问感觉，多问事例少问评价，做判断时以封闭式提问去求证。记录要引用证明人原话而非自己的总结。

对员工的诚信度和信息的真实性进行考核。现在网络招聘已经十分普遍了，如何对信息进行核实，是我们应该考虑的，那么背景调查，就可帮到我们。背景调查对企业的价值：一是帮助企业HR筛除有虚假信息的候选人。二是全面了解求职者的素质与能力。三是帮助企业节省成本、规避用人风险。

7. 劳资纠纷处理与防范

劳资纠纷也称为劳动争议，顾名思义是指劳动者（员工）与用人单位之间由于劳动关系冲突而发生的纠纷。目前，企业常遇到的劳资纠纷主要有：协商解除劳动合同、强制解除劳动合同、降职、降级、降薪、问责处分、辞职、加班、工伤待遇、患病医疗等几个方面引起的争议。

前不久，笔者参与处理解决一起医疗期员工劳资纠纷。某支行一名员工自称因工作压力大患焦虑抑郁症并出示医院证明请病假。支行多次疏导沟通无效的情况下交分行人力资源部实施医疗期管理。根据劳动法规，该员工在本行工作4年，第二次续订合同3年未满，其医疗期为3个月，后根据本人申请又延长两次3个多月，三次病假计6个多月。6个多月医疗期到期后，员工不同意从事原岗位工作及另行安排工作，也不提供劳动能力鉴定材料。于是，我们成立由我、业务条线、劳资、法务人员组成的临时工作小组，与该员工进了三次反复沟通磋商达成了解除劳动合同并给予该员工适当经济补偿的协议。处理过程中本人的体会有三点：一是作为人力资源部门负责人不仅代表资方，维护单位的合法权益，也代表劳方，要多为员工个体实际情况和困难考虑。二是注意聆听了解员工的真实想法和意图，找出背后的原因和解决办法。比如在这次与员工反复沟通中，我们判断该员工主要是思想问题而不是身体问题，明确告知劳动法规的要求和行里已经给予了人文关怀和弹性让步，希望其做出正确选择。在解决此类纠纷的要具体问题具体分析，个案问题个案解决。尤其对工伤医疗期员工、"三期"（孕期、产期和哺乳期）女员工及无固定期限的员工要格外重视。三是解决问题建立在充分沟通和人文关怀基础上和法律框架内。尽量换位思考，妥善处理解决。如果反目成仇对簿公堂对双方的声誉和形象以及时间精力都是一个损失。当然对于无理取闹的也要有敢担事不怕事的硬气，做好证据搜集等应对准备。准备越充分越能达成不战而屈人之兵的效果。尤其当前形势下，劳动争议仲裁的案例越来越多，作为单位领导和HR应当学会处理和防范劳资纠纷。

《劳动合同法》规定，员工劳动合同没到期，员工可以提出离职，而单位则必须有理由才能单方面解聘。一般情况下，以下几种企业可以单方面解聘且不用支付经济补偿金：（1）试用期证明不符合条件的；（2）严重违反企业规章制度的；（3）严重失职、营私舞弊并给企业造成重大损失的；（4）在外订立双重劳动合同的；（5）以欺诈、胁迫形式订立劳动合同的；（6）依法被追究刑事责任的。以下几种企业可以单方面解聘但须支付经济补偿金：（1）劳动者生病医疗期满无法来单位继续工作的；（2）劳动者不胜任工作，经过培训、调整工作仍不胜任的；（3）劳动者劳动合同客观条件发生变化的；（4）经济性裁员等。

任何纠纷的发生均有其原因，只要找到纠纷发生的原因所在，然后对症下药、制定措施，相信是能够防范和减少纠纷的发生的。一是及时签订、变更或续签规范的《劳动合同》。签订《劳动合同》时，规定员工的工作岗位及其职责。在《劳动合同》中约定解除劳动合同条款，即规定企业在哪种情况下可以解除劳动合同而不承担支付经济补偿金的义务。二是在管理上，严格各种企业管理制度，对每个员工都应建立档案并跟踪管理，凡员工违反考勤制度等行规行纪或者工作不认真负责、完不成工作任务的，均应记录在案或行文通报或让其本人对违纪行为事实书面材料签字确认。三是员工工作岗位调整或降职、降级、降薪，单位领导和经办人要与员工本人谈话，并做好谈话记录，谈话记录一般要同被谈话员工见面并经该员工本人签字确认。

员工关系是人力资源一项很重要的工作。企业及其辖属单位和团队负责人要重视平时员工关系管理。企业要组织编写《员工手册》发给每一位员工。在处理劳资纠纷过程中，良好的沟通机制可以使员工认清形势明晰目标，使企业的决策更加有理、有力、有效，使员工的信息能够及时得到反馈，从而让员工感觉到企业对自己的尊重和信任，产生极大的责任感、认同感和归属感，促使企业与员工更容易达成共识，一切事情就好商量，即便是出现劳资关系紧张的问题，也完全可以通过商量来解决。真正靠"判决"的处理，对双方来说不但造成人财物力的付出和浪费，也会造成各自名誉的"损害"。

8. HR三支柱

　　HR三支柱（人力资源三支柱）是全球知名人力资源管理咨询专家戴维·尤里奇教授提出的人力资源理论，由COE（专家中心，Center Of Expertise）、HRBP（人力资源业务伙伴，HR Business Partner）、SSC（共享服务中心，Shared Service Center）三个职能构成的人力资源体系。HR三支柱模式，是IBM公司基于人力资源管理大师戴维·尤里奇的思想，结合自身的人力资源转型进行实践探索出来的。

　　COE：人力资源专业知识中心或人力资源领域专家，高级职能，属于三支柱的政策中心，工作内容主要是制定总体的人力资源战略、政策、流程、体系、方案等。COE除了提供解决方案以外，统筹横向平衡和向上沟通及向下管理。COE更像指挥官和参谋部。

　　HRBP：人力资源业务合作伙伴，中级职能，属政策执行类，主要工作内容是以HR专业角度去发现业务运行问题，提出建议，是更基于业务导向的人力资源解决方案提供和执行者。主要从事招聘、培训和绩效考核。HRBP更像特种部队、伴随保障分队和侦察兵。前不久，清华大学五道口金融学院首席人力资源官"CHO"班组织部分同学到中融国际信托股份有限公司学习交流。据中融信托人力资源部总经理郑梅芳介绍，他们HRBP与业务部门的领导互动得很成功，有的成为业务部门的高参，有的则直接转型为业务骨干，甚至是业务部门的负责人。

SSC：共享服务中心，基础职能岗位，工作内容主要是日常操作事务类事物，是标准化的服务提供者。在实践中，也有企业把SSC（共享服务中心）升级为SDC（共享交付中心）。SSC更像平台和保障基地。

中国人民大学出版社出版的《HR+三支柱》（马海刚、彭剑锋、西楠著）系统地梳理了HR三支柱模式的演进历程，展现了中西方在HR三支柱理念上的碰撞与交融，探讨和思考了HR三支柱和人力支源管理的未来趋势。以三支柱为支撑的人力资源体系源于公司战略，服务于公司业务，其核心理念是通过组织能力再造，让HR更好地为组织创造价值。随着三支柱体系在阿里、华为、腾讯等中国企业建立、落地，越来越多的国内企业管理者和人力资源从业者开始关注HR三支柱。

HR三支柱具体是如何进行实操的？简单来说，三支柱是基于HR六大模块（人力资源规划、招聘与配置、培训与开发、绩效管理、薪酬管理、劳动关系），突破了传统的模式，把人上升到资源的角度进行配置和管理，并将每个模块以制定战略—执行—基础事务的纵向工作方式进行划分。

招聘。COE：根据企业每年的战略目标，制定年度的招聘计划；整合招聘渠道；选择适合本企业的招聘方法；设计并优化招聘流程；监督招聘过程等。BP：与所在的业务部门经理确认招聘需求，建立与业务相匹配的人力沙盘；通过多种渠道招聘引进人才加大供给管理；拟定具体的岗位职责和任职要求、薪资待遇；协同用人部门经理面试、确认录用人员；协助新录用人员准备报到事宜。SSC：根据BP送达的招聘信息，选择合适的渠道发布招聘信息；收集、初步筛选简历并将简历发送给用人部门经理、安排面试，起草报送各级领导和上级的签批材料等。

入职管理流程。COE：制定员工信息管理的标准操作流程。BP：组织人才测评；传递用人部门审批意见；监督员工信息管理流程等。SSC：协助新员工准确录入自己的基本信息；及时更新员工薪资、信息数据等。

培训。COE：针对企业培训需求，选择合适的培训机构和资源，以保证最佳的培训效果；针对各业务部门的不同培训需求，有针对性地设计培训课程。BP：与所在部门经理沟通确定培训需求；根据所在部门业务情况和发展目标，分析培训需求，并提出可行的培训课程建议，组织业务条线的各种培训落地。SSC：及时跟踪和反馈培训效果；整理和发布免费的在线学习和培训公开课等。

绩效管理。COE：制定和完善企业所有的绩效考核流程。BP：根据企业及部门战略目标，协助所在部门经理及员工制定合适的年度绩效考核目标；协助部门主管与员工进行绩效反馈、沟通，共同修订绩效目标并制定改进计划；监督指导和推进目标的完成和绩效考核。SSC：做好绩效数据的统计汇总、保密和维护工作；核算绩效工资；修订员工薪资情况等。

薪酬管理。COE：组织薪酬市场调查，并评估本企业的薪酬状况的竞争能力；根据调查结果拟订调薪方案；根据企业战略及本年度财务预算，制定年度薪酬计划。BP：统计员工绩效考核情况，制定所在部门每个员工的加薪及降薪情况。SSC：更新和维护员工薪资及相应信息；统计考勤，并根据绩效考核核算工资、发放工资、出具工资条或通过OA系统发布薪资构成说明及查阅路径等；统计薪资变化情况等。

HR三支柱转变了人力资源管理思维，从专业导向转变为业务导向，从"我会什么给什么"的思路，转变为"企业需要什么我给予什么"的服务思想。对于HR个人成长而言，三支柱体系也能帮助HR从繁杂基础事务中解脱出来，是"事务型HR"转变为"策略型HR"的成长之路。

他山之石——

阿里的政委

2018年9月14日，笔者受邀参加中粮集团与中英人寿合办的人力资源峰会。听到阿里集团丁丁公司副总裁白惠源介绍阿里巴巴文化与管理创新时谈到阿里的政委体系。

据白惠源介绍，阿里政委的创意来自于马云老师观看《历史的天空》和《亮剑》时的感悟。两部电视剧都体现了相同的几点：一是政委是军队的灵魂，在团队凝聚力和战斗力方面要起到有力保证作用；二是政委能打枪、懂政策，也就是既懂业务又懂人力资源政策；三是政委通过自身的影响力，对军事主官的领导力建设起到了积极的作用。当然，阿里政委体系引入的业务背景则在于电商企业飞速发展带来的层出不穷的人员管理问题。

政治委员制度在国外的发展始于18世纪意大利共和国雇佣军。列宁将其引入无产阶级革命军队中。美国军队与此不同的是，虽然没有政委，但是美军有随军牧师负责军队的精神辅导。我党我军借鉴苏联红军政委制和在国民革命军中党代表的经验，实行军事主官和政委"双长制"。政委的核心价值体现了两层含义，一个是保障党对军队的领导；还有就是要发挥精神激励作用，保障战争动员的专业化和军队的稳定性。

前不久，笔者专门找阿里云的一位营销团队负责人聊起阿里的政委体系。他说，阿里的政委主要的职能相当于HRBP，但相对于普通HRBP又有不同特点，这里面不少地方体现了明显的军队政委的特点。政委明确定位为"二把手"，负责在组织和人才上匹配和辅助业务主管，但对主管要发挥业务制衡、引导和改造作用。阿里集团的事业部会配总政委或大政委。对一些团队配小政委，他们称之为HRG。政委还是阿里招聘时的"闻味官"，目的是选拔与阿里味道一致价值观相同的人。阿里员工价值观考核占据50%，政委在这方面发挥重要作用，政委要保障基本价值观和规章的贯彻执行，在选人、用人和组织文化方面具有一票否决权，同时政委具有一定"特权"，比如绕开业务主管召开人员会议听取意见等。政委对业务的理解在阿里是明确提出的，而且要求以10%-30%的时间投入其中，尽可能参加一些业务例会并提出专业意见。明确提出50%-60%的时间要投入员工访谈，了解员工并保障团队士气。此外，政委也是一个巨大的"司令"储备库，有了对政委业务方面的明确要求，政委可以根据需要方便地转身成为团队业务主管，也有利于快速保障团队的"又红又专"。反之，对一些年龄偏大、业绩下滑但工作经验丰富的业务主管也可改任政委。

阿里选择政委体系是企业特定发展阶段和文化价值观的创举，起到了非常重要的作用和积极的意义。但在某种程度上对企业的管理和运作能力等也提出了更高的挑战，因为涉及内部权力分工协作、对大批高素质人员要求以及政委身兼多种职能要求和决策效率下降等。

第六章
绩效提升

什么是绩效？绩效就是目标达成的程度。在期初即开始时（一般为年初或某个起始的时间点）先设定好公司、部门、团队或个人的目标（包含数量、质量和进度等），期末或结束时（一般为年终或某个终了时间点）衡量目标达成成果的程度，是否如期保质按量完成或超额超出预期完成，等等。当前较多的做法是用关键业绩指标KPI（Key Performance Indicator）对经营单位和个人进行评价和绩效考评。有的则开始采用积分制进行绩效管理。积分制管理方法解决了员工付出的原动力和内部全面计价及跨条线业绩互认等问题。

什么是KPI？KPI即关键绩效指标，是反映一个企业、部门、团队或员工管理业绩贡献的评价指标，具有阶段性、相对性、可变性和权重的可变性等特点。在商业银行，关键指标一般为资产和负债规模、核心负债、结算性存款、经济增加值（EVA）和客户数（价值客户）等指标。也有一些商业银行开始把业务增量、创新业务和交易频率作为考核的关键业绩指标。此外，不同的企业、部门和个人因工作性质和内容不同，评价和考核的指标和标准是不一样的。考核是指挥棒，企业考核什么，经营体及其员工主要做什么，就会形成什么样的绩效文化。

美国通用电气公司（GE）绩效文化演进，伴随公司发展阶段从末位淘汰制（1.0版）到价值观和业绩双维度（九宫格，2.0版），再到绩效发展（3.0版）。1.0版是前CEO杰克·威尔奇推崇实行的"活力曲线"——"2-7-1"法则，按20%业绩优异员工、70%业绩中等员工、10%业绩较差员工进行强制分布考核，并将这10%业绩较差员工进行末位淘汰。华为公司在管理实践中也学习借鉴了威尔奇"活力曲线"的部分做法。2.0版是价值观和业绩双维度考核形成的九宫格战略性绩效评估和激励系统模式，被美国哈佛商学院收录。目前，京东、阿里公司在实际中借鉴应用了"九宫格"的部分做法。3.0版是去考核KPI的短视化模式，强调绩效发展，前提是企业发展体系完整，代表未来发展方向。

近年来，企业的营商环境受到国内外宏观经济形势和市场变化的影响与挑战，快速发展、粗放经营赚钱的时代已经过去。面对日益激烈的市场竞争，企业的内涵提升和科学管理才是可持续发展的核心竞争力。影响绩效提升的因素很多，但最关键的是企业的管理能力或是说各级管理人员的领导力。一些国有企业发展战略目标不清晰、组织生态不优化，职业经理人职业精神缺乏，企业内耗严重，大大增加了管理和内部沟通成本。一些民营企业人才缺乏，没有科学的规划定位和目标管理，创新能力不足，影响了绩效提升。

绩效考核模式各有优势和短板，关键是与企业文化和发展阶段相匹配。中国绩效研究院院长、著名的绩效专家李太林在《绩效核能》（行动版）一书中写道：绩效管理的核心归纳为三个字"人、效、薪"。人，即人才、潜能、团队；效，即绩效、人效、价值；薪，即薪酬、福利、激励。三者是相互融合、互为因果关系。一家企业如果能将这三字经、九个词运用合理得法，企业内在所有的沟通就一定可以化解和超越。

在管理实践中，我们究竟要如何提升绩效？管理整合各种资源，管理创新效益。

首先，思维上要提升。无论是企业、部门、团队还是个人，树立创新共赢的理念是干好工作提升绩效的逻辑前提。

其次，目标思路要清晰。目标决定方向，思路决定出路，脑袋决定口袋，眼光决定未来。大到企业的战略定位、转型发展，小至经营机构和个人具体业绩指标提升，都要学而新之，谋定而后动。

第三，科学应用目标管理工具和考核评价模型，提升绩效计量和评价的直观性、及时性和客观性。一些经营机构应用积分式、鱼骨图、经营指标分解图表上墙、智能台账和SWOT（S优势、W劣势、O机会、T威胁）分析以及PDCA（P计划、D执行、C检查、A修正）循环等绩效提升模型和工具，不断修正存在的短板以及解决员工付出的原动力问题，效果甚好。

第四，加强培训，创建学习型、创新型企业。企业不在培训上投资，就要在经营、成本和竞争力上付出代价。培训要在分析业务需求、解决业务难点、痛点，萃取和复制成功案例上下功夫、求实效。成功不一定能复制，但成功的案例可以借鉴和复制应用。比如，绩效支持培训方面，高效场域——行动学习，标杆复制——产能飞跃，精进方案——绩效改进。

第五，兑现奖惩，及时激励。管理激励的核心是要研究并尽力满足员工收入增长、能力提升、身心健康和事业达成等需求。要建立良好的考核激励机制，让数据管理财务化，内部管理市场化，部门（团队）管理公司化。通过薪酬福利改善、职务提升、表彰通报、股权激励等，营造正向激励导向和内部公平竞争、效率优先的良好机制，为想干事能干事的人提供干成事的平台。让员工个体价值与企业组织平台集合智慧形成互相支撑、有效互动的良性循环。

1. 以客户为中心

以客户为中心的本质是为客户创造价值、为客户提供高效便捷的金融服务和良好的体验。"客户第一、员工第二、股东第三"。这是阿里巴巴集团的价值观。华为的价值观中有四句堪称经典的话广为流传：（1）以客户为中心；（2）以奋斗者为本；（3）坚持自我批判；（4）长期艰苦奋斗。华为所有新立项的业务，不管是战略规划，还是开发一个新产品，或者新产品要上市，第一件事情都是进行客户选择。说得简单一点：产品卖给谁？谁是华为的高价值客户群？客户是企业的"上帝"，是根本，是企业存在的唯一理由。这些年，兴业银行发展比较快也主要得益于坚持以客户为中心，按商业银行规律走市场化道路，坚持"真诚服务，相伴成长"的经营理念，树立了服务国家战略、金融改革、实体经济、百姓民生的良好形象以及不负时代使命、执守金融本源，向"一流银行 百年兴业"持续迈进的兴业情怀与梦想。

兴业银行的营销观：市场导向、客户中心、协同作战、创造价值。兴业银行董事长高建平在总行2019年工作会议上谈到，李嘉诚经营实业，有几句话让人印象很深："别把'生意'理解为'挣钱'，其实，生意的本初乃是分享，把好的东西分享给有需要或有缘之人，赢得合理的服务费用，秉着做一单生意，交一个朋友，这才是生意！"我们做金融的更应该有这样的觉悟。金融的本质是服务业，本身并不直接创造价值，只有帮助客户创造价值，从中分得一部分，才能实现自己的价值。

无论是公司（机构）金融业务、个人金融业务，还是同业金融业务，兴业银行都坚持以市场为导向，以客户为中心，拓展和调整基本客户群，以此巩固业务基础，扩大业务规模，增强持续发展能力。比如，"买理财，到兴业"不仅仅是一个口号，兴业银行理财收益率相对较高，这是理解市场让利客户的具体体现。客户需求是营销活动的起点。我们始终坚持对客户进行分类分层管理，始终坚持为客户提供令其满意的有价值服务，并以此深化客户关系，大力开展综合经营，注重各项业务的联动关系，通过本外币、存贷款、结算交易、资产负债与中间业务等联动，融资融智，提高金融服务水平和综合效益，提升银行价值。兴业银行还倡导以团队协作的方式来满足客户的需求。我们坚持培养与加强拓展客户、服务客户等能力，并视这些能力为自己安身立命的根本。我们始终坚持基于客户的需求，大力整合各业务单元、各业务板块，建立完善营销服务体系，满足客户多元化、个性化、订制化的金融需求，大力倡导各业务板块、前中后台的协同。

兴业银行行长陶以平在全行2019年工作会议上提出，要认真开展行业研究和客户需求分析，持续深耕客户，重点加大服务民营企业、小微企业、"三农"力度，显著扩大企金、零售客户规模，提升价值客户比重，进一步夯实可持续发展基础。坚持综合金融服务方案提供者与金融资源整合者定位，做好客户多元需求的深入挖掘与本行集团综合金融服务集成工作，推动本行与客户建立多层次、全方位合作关系，与客户互换能力、互荐客户。

北京分行按照总行的部署要求，一直秉承"二线为一线服务，全体为客户服务的理念"，以客为本、客户至上。积极探索产品部门为客户部门服务的分行直属客户业务中心加直属团队的组织形态。直属客户中心成立后，实行战略客户和细分领域的重要客户和新兴客户扫盲、拓展和维护。客户中心与产品部门各有侧重，落实客户分层分类管理改革，努力提升北京地区各类客户的覆盖率和我行金融产品及服务使用率。分行还不断完善现行客户关系管理和客户信息管理体系，规范客户营销规定动作，做好客户系统性销售和混承经营，满足客户多元化、订制化、全方位的金融产品和服务的需求，争做客户的首选银行和为客户提供一站式的服务。一是客户混承。不仅做专业业务，还以客户需求为起点全面延伸业务链条、客户链条。以客带客，联动营销。二是营销混承。鼓励一鱼多吃，更强调条线分工协作、提高营销效率。三是人员混承。鼓励掌握企金、零售和同业三条线业务的复合型金融人才。四是服务混承。明确各板块、各级机构与人员的服务标准及服务奖惩。五是考核及分配混承。打通企金、零售和同业三条线的分配财务资源，并赋予经营机构负责人一定的考核分配权限，真正统管支行，加速业务联动和混承。

真诚服务，共同兴业。只有进一步强化"客户意识""服务意识"和"本源意识"，牢固树立"以客户为中心"的经营思想，大处着眼，小处着手，不断提升客户服务能力，才能更好地服务于客户的多元化、订制化的金融产品和服务的需求。

2. 营销篇

营销，其实就是把产品或服务以合理的价格卖给有需要的人或单位。现实生活中，营销无处不在。一天傍晚，我与熟悉的一家理发店的理发师微信联系理发事宜。不巧他休息没在店里，让我改天再去。由于那周只有当天时间比较宽裕，所以就在家门口就近找了一家理发店理发。没想到，这家的服务态度、服务细节让人耳目一新。比如工作人员分工合作默契，有安排理发位并推荐理发师的，有负责洗头的，有端水上水果的，尤其是水杯口用保鲜膜盖住并伸出一个吸管，防止头发屑飞进杯子。水果也洗得干干净净并盖着保鲜膜。理发师认真细致动作娴熟，还征求我理长理短的意见并给出他关于夏天理短一点的建议。推销会员卡也是介绍清楚项目及价格和对新客打折让利的幅度，让客人自己比较和定夺。一切都做到恰到好处，让我很自然地理了发、办了会员卡。由此我联想到银行的金融服务何尝不是应该以客户为中心为客户着想，才能迎来客户留住客户增加客户的黏性。比如，针对一个住房按揭贷款的客户，他（她）还可能有配套的装修贷款和办信用卡的金融服务需求。无论是一线营销团队负责人还是业务管理部门，营销策划管理和实践是经常性的中心工作。营销的根基是合作共赢。营销的本质是为社会解决问题、为客户创造价值、为自己赢得业绩，为公司创造利润。

管理大师德鲁克认为："营销是企业的独特功能。企业之所以有别于其他组织，是因为只有企业才会去推广产品或服务。任何通过推广产品或服务来实现本身目的的组织，都是企业。"营销一般可以分为五步：第一步分析客户的需求和痛点，不同的企业和企业的不同发展阶段的金融需求是不一样的，比较初创阶段的开户、结算、代发工资，成长阶段的贷款融资，上市前的资金归集，上市后的董高监股票质押，走向海外时的国际和金融业务等等；第二步搭配营销人员组合并找到客户及其关键人，营销过程中与客户对接力求做到兵对兵（有时需要将对兵），将对将（有时需要帅对将），帅对帅，必要时还要借助上级或外援的力量；第三步介绍我方产品及其服务方案和价格价值，比如针对新经济成长企业的融资需求可联合私募股权投资机构打造投联贷生态圈；第四步按照客户需求优化产品及服务方案（包括定制化的金融服务方案）并达成生意合作（买卖）；第五步做好客户后续服务及平时维护工作。关系是营销的基础，而专业才是营销的根本和核心竞争力。

好营销＝好产品＋好策略＋好队伍。成功的销售离不开产品及服务、客群客户、团队建设、流程管理、资源配置和渠道建设等要素。尤其是营销队伍建设和锤炼至关重要。如何修炼成一名合格的营销人员？兴业银行北京分行信用卡（综合）营销中心总经理王健全在2019年分行信用卡业务工作会上谈到七种方法：一是勤奋学习、勤跑业务；二是多交朋友、交叉销售；三是自我挑战、攻坚克难；四是信心复制、打造品牌；五是倒排工期，强练逼功；六是主动学习、拥抱市场；七是刻苦钻研、创新业务。

营销的本质是研究并想方设法满足单位和个人对商品（产品）和服务的需求。以市场需求为导向是营销成功与否的逻辑起点。德鲁克指出："企业的目的是创造顾客。顾客是企业的基石，是企业存活的命脉。而为了创造顾客，任何企业都有两个基本功能，并且也只有这两个基本功能：营销和创新。"当销售遇到瓶颈的时候，应该调整营销策略。进一步深入分析和挖掘新客户、新客群如新经济的独角兽企业以及客户和客群新的需求，优化营销人员组合及产品结构和服务质量，并进行必要的创新，实行混承营销和服务，还要分析客户的子、母公司、上下游产业链、交易链及合作伙伴，以客带客、以客拓客，联动营销，不断完善营销服务体系建设。此外，用好互联网公司等三方渠道可以快速上量。条件允许的还要通过大数据对客户进行画像和个性化推荐，并实现线上线下齐发力，把产品买给更多的客户、卖给客户更多、卖给更好更优质的客户，实现业绩持续增长。

3. 如何打造超卓团队？

企业有大有小，团队有强有弱，个体能力也有差异。但建设和打造卓越团队是每个管理者的愿景和努力的方向。大至单位领导，小至团队负责人，每一位管理人员都想把企业和团队打造成超级卓越的"梦之队"。电视剧《亮剑》中李云龙带队伍的管理方法，可以供我们带团队学习借鉴的地方很多，尤其有三点让人印象最深刻：一是明确目标、锻造军魂，就是我们今天团队建设中文化价值观和志同道合。二是随时随地招兵买马，就是我们今天强调的招聘引进人才。三是执行力强，执行力就是效率和战斗力。

2003年12月，我从武警福建总队机关调任武警南平支队任（团）政委兼党委书记。这个支队地处闽北，下辖三个直属大队、20多个中队和一个教导队，1300多名武警官兵分散在南平地区的武夷山、建阳和政和三座监狱和各县看守所以及守护桥梁、隧道、电台等重要目标，还承担处置突发事件及抢险救灾任务。部队点多、线长、面广、高度分散且执勤和训练任务繁重。为了带好这支队伍，我上任后和支队长一起选准突破口走好"三步棋"：第一步棋就是到辖属单位调研，摸清队伍建设的现状和官兵们的思想情况，明确提出创建先进支队的组织目标，并坚持问题导向抓作风建设、抓基层打基础、抓工作优化改进。第二步棋是用干部。提拔了一批德才兼备的年轻干部，有效地鼓舞了士气，凝聚了人心。第三步棋是在完成任务实践中摔打部队。对在执勤、训练、处置突发事件及抢险救灾任务和平时经常性基础性建设中表现突出的官兵及时进行表彰奖励和通报，营造公平竞争、积极上进、高效执行的文化氛围。两年后，武警南平支队被总队评为先进支队。后来我调任武警福建总队任组织处长，任处长期间组织处也多次被总队评为先进处室（先进单位）。2008年底我转业到兴业银行北京分行工作，先后在办公室、保卫部、人力资源部等部门工作，带过几个团队。所带的团队工作成绩在北京股商行同业和总行系统内都取得了优异的成绩。任北京分行保卫部总经理时，保卫部被北京市公安局记集体三等功。担任人力资源部总经理期间，北京分行多次被评为人才培养和员工教育培训先进单位。

在20余年的武警部队管理和十年的金融企业工作实践中，我不断思考和实践感悟带团队的方法和心得。我认为，打造超卓团队要做的事情很多，但最关键的是"定好目标、用对人，考核激励、勤赋能，不断提升组织效能"。

一是定好目标。目标就是梦想、目标就是方向。通过"画饼、造梦"，定目标，明愿景，引导团队成员不断升维；通过价值观引领和组织氛围优化，凝心聚力。人，一但眼光高了，视野宽了，有了梦想就会更有动力，就会变得积极上进，团队氛围也会积极向上。

二是用对人。团队是由人组成的，管理的核心是选好人、用对人，就是找正确的人、做正确的事，把事做正确。这包含三层意思：搭建好团队，招聘或选调到志同道合价值观相近且岗位适合的人；选好人、用对人，用德才兼备的人，用人所长并发挥骨干的作用；分工合作，既分工明确，又互相补台。管理者要善于发现团队的优势和成员的优点，要懂得找准团队及成员存在的问题和差距，还要学会复杂问题简单化处理。一个优秀的团队关键在于能够认识自身存在的问题并加以解决，扬长避短，固强补弱，才能不断进化和成长。

三是考核激励。制定好岗位职责、薪酬、考核、升降、奖惩等机制。用机制激励人，让制度管好人，打造积极上进、高效执行的企业文化。既要坚持结果导向，以业绩和能力论英雄，又要加强过程管理和考核。要分解明确指标任务和考核办法，适时加强过程跟踪管理和督促，打通管理的微循环。要根据序时进度，适时进行引导和督促。必要时要及时帮其排忧解难。"老大难老大出面就不难"。有时交任务不当甩手掌柜，必要时亲自出面为下属解难题、棘手问题是团队负责人的职责所在，也是一个单位不断进步的力量源泉。

四是勤赋能。赋能，一是引导理思路，二是教方法，三是加强沟通，四是授权。当团队成员不主动不会干时，往往不是主观故意而是因为没思路没方法，思路方法从哪里来，引导他们从学习熟知国内外宏观形势、国家的监管政策、总行分行政策规定和业务导向中来，从结合客户的需求和团队的实际中来，从研究任务指标和考核办法中来，从与员工讨论萃取中来，从细节和实操经验总结中来。思路清晰方法得当，就知道如何着手一件一件去落实了。同时鼓励和选派员工积极参加总行分行的线下和线上培训及各种会议。此外，放心、放权、放手。进行有效授权，有意识安排部署一些工作放心放手让团队成员去做。鼓励他们在实践中探索、创新和改进。鼓励他们在大会上发言和谈营销及工作想法和方案，并进行公开表扬。还要增信任、交任务、给机会。只有实践才能让他们不断得到锻炼和成长。

五是不断提升组织效能。打造超卓团队要从有效提升组织整体效率入手，不断优化组织学习力，增强团队凝聚力，提升个人行动力。首先，"带兵先带心"，作为团队负责人要注意做好凝心聚气的工作，"人心齐泰山移"。其次，把团队整体效率提升作为目标，通过平时的工作例会、培训和总结不断统一思想、理清思路和明确目标，发挥团队集合的智慧和集体的力量努力实现整体跃升。同时建立本单位或部门（团队）微信群，通过工作安排、学习分享和经验交流、案例剖析及政策解读等线上线下齐发力，有效提升本单位本部门的整体专业水准和工作效率。第三，要用好科学的管理方法。有意识地将自我管理、领导力、情感账户、增信、赋能、培养下属、向上管理和高效沟通等应用到本单位本部门管理实践中，对自己、对员工以及向上管理加以系统应用，日积月累，让行为改变自然发生。第四，用SWOT工具分析本部门或团队优势、劣势、机会和威胁是什么。尤其是存在的共性和个性问题，有什么问题解决什么问题，什么问题突出首先解决什么问题。以问题为导向，固强补弱，补齐单位团队的短板。对个别能力弱或积极性不高的员工及时进行帮扶和赋能，对本单位或部门的工作弱项进行强化，促进整体提升。当然，一个团队有点问题甚至有点不和谐的因素也属正常，正像人的身体有点小毛病一样，既要注意和重视，又不要太在意，大惊小怪，学会看主流、抓主要矛盾。人的身体本身也有自我疗伤治愈和康复的能力，团队也一样。

管理和带团队是一个不断摸索和实践的过程，没有最好，只有更好。相信用心动脑、日积月累，就能够有效促进团队整体效率和绩效的提升。

4. 培训如何急业务所急？

培训是提升员工专业水准、培育综合化高素质人才的工作，是帮助组织萃取组织智慧的工作，是赋能员工助力业务的一个重要渠道，是业务价值链的一部分。培训是解决总行、分行战略与经营机构业务增长难点不可替代的工具。培训如何急业务所急、助力一线人员提高专业能力提升工作业绩？

首先，进行深入细致的培训需求调研和分析，挖掘培训需求，找到培训利益相关者，挖掘业务部门的痛点、困境、指标压力的关键点和员工真正的岗位需要及通过培训要解决的问题，增强对特定人群、岗位和需求进行有针对性的培训，既帮助业务部门解决实际问题又让参训者变要我培训为我要培训。

其次，设计好培训内容、流程和方法，规划培养项目。发挥培训咨询、诊断和萃取、提升的作用，分析业务瓶颈的原因及对策，梳理业务成功的价值链，用培训推动新产品、新业务落地，用培训解决业务增长难题。或者说在培训过程中通过理论提示、问题研讨，萃取解决方案和实践落地以及嵌入业务工作场景再研讨探究和优化萃取业务解决方案，推动转化并持续迭代，有效突破过去的瓶颈带来业绩不断提升。比如，作为培训组织者要有"给我一个客户经理，还你一个业务总监"的目标和底气。

第三，拓宽培训培养渠道。培训活动从单一的课堂活动扩展到整个学习生态链。既发挥课堂的主阵地作用，又利用网络技术加以补充和提升效率。充分利用兴业银行的"兴知APP"学习平台，总行、分行的微信学习社群和"兴+播"远程直播等渠道和手段，线下线上齐发力。比如，举办支行零售负责人的EFP（金融理财管理师）培训和考证，常态化地利用总行"兴知APP"的"兴+播"零售业务和产品发布的互联网直播培训以及零售金融社群培训等，助力更多零售业务从业人员成为有能力有意愿的员工，促进分行零售业务的不断发展、提升和飞跃。

第四，培训的重点落脚点是学会应该掌握的技能和方法论，并在实践中会应用懂操作。让优秀的员工、有专业特长的员工和销售业绩好的人来当内部讲师，传授和分享个人案例及实际工作成果。在实操技能尤其是应用新技能新业务方法上，单位主管和团队负责人的传、帮、带和督促引导至关重要。

第五，积极倡导创建学习型组织。随着市场经济的发展和利率市场化，专业制胜将越来越多地取代关系营销。岗位资格考试和持牌照上岗能够让员工在干中学、学中干，更好地为客户提供优质的金融服务，促进经营业绩的不断提升。

近年来，北京分行领导高度重视，各业务条线、管理服务部门和经营机构密切配合，积极构建多层次的培训体系，以培训项目为牵引，提升了培训的质量和效果，助力分行组织目标的达成。分行还定期举办"企金大讲堂""零售大讲堂"和"金市小课堂"培训，急业务所急、助力一线人员提高专业能力及提升工作业绩。北京分行连续三年被总行评为员工教育培训先进单位，还被中国人力资源研究会评为人才培养先进单位。

2018年，北京分行举办了"兴火燎原"支行长、企业金融总监培训，分两期将所有支行长、企业金融总监全部轮训一遍。一些新提拔的企业金融总监当客户经理是R4（有意愿有能力）员工，但刚开始带团队则往往是R2（有意愿没能力）员工。还有新引进的总监在原来的单位也许是R4（有意愿有能力）员工，但刚到兴业银行对产品和流程不熟悉就是R2（有意愿没能力）员工。还有一些老总监原来做传统业务是R4（有意愿有能力）员工，但对转型创新，尤其是一些新的业务机会和商务模式而言就可能变成R2（有意愿没能力）员工。因此，无论老总监还是新总监我们都全覆盖进行培训，采用外部专家授课、内部业务部门领导任导师、分组研讨萃取课题等方式进行培训提升。通过培训开阔视野、互通有无，更新思维，提升支行长和业务总监们对重点行业、重点产品和重点客户金融解决方案的优化升级，提升抓队伍、带团队的关键能力和管理水平，让更多的总监成为名副其实的R4（有意愿有能力）员工，有的甚至可能达到R4+，促进分行转型发展和业绩提升。

我们还定期对社会招聘新员工的培训进行筹划和改进。一是为什么要培训？过去我们通常对校园招聘的大学生新员工培训比较重视，而对社会招聘来的新员工，觉得他们都是成手，过来报到就能用，因而对这些新员工培训重视不够。社会招聘来的新员工在原单位可能是R4（有意愿有能力）或R3（没意愿有能力）员工，但新到我们分行由于对兴业文化不了解和对产品和业务流程不熟悉，往往成了R2（有意愿没能力），因此新员培训非常重要。通过培训能够快速让大部分社会招聘新员工在较短时间内又变回R4（有意愿有能力）员工。二是培训什么？我们对社会招聘的新员工作进行了部分访谈调研，了解他们的培训需求。对经营机构也进行了培训调研，倾听他们的意见建议。之后我们对培训时间和内容进行精心设计，计划安排四天把企业文化、薪酬福利、总行和分行主要业务及产品种类概览及流程、内控合规及信审尽调等总体介绍作为重点内容。三是怎么培训？我们人力资源部门组织力量专门编写了《兴业银行北京分行新员工培训手册》，集中培训四天。由分行分管人力资源的行领导动员，有关业务部门负责人以及风控、信审专家授课。回到工作岗位由所在单位领导进行深化培训和传、帮、带。四是达到什么培训目标？（1）让员工充分认识并认同兴业银行的企业文化，志同道合；（2）让员工明确自己该做什么、怎么做，迅速找到自己的位置且不断学习成长；(3) 对总行、分行主要业务和产品种类及流程以及内控合规等有总体印象和了解。(4) 让员工明晰自己的发展路径，围绕公司发展战略树立职业发展目标。(5) 通过单位领导的传帮带培训增强新员工融入感、亲近感，从而让新员工对兴业银行产生归属感和自豪感。

北京分行还在总行私人银行部的指导下举办"兴·飞跃"私人银行业务培训。随着强监管和银行业转型发展，零售业务的地位作用日益凸显，传统信贷、互联网金融和财富业务将成为零售金融的"三驾马车"，尤其是后两者未来应提升空间，特别是私人银行业务。从"二八定律"和大数据分析，目前中国366万先富起来的人群拥有188万亿元的财富资产（不含不动产），投资管理和保值增值需求旺盛。而我们兴业银行过去对同业和企金业务比较重视，对零售业务尤其对私人银行业务近年才开始重视，目前无论是专业的投资顾问、理财经理的招聘配备和培训都不够，很多R2（没能力有意愿）理财经理和零售客户经理赶鸭子上架，对私人银行业务想干不会干现象客观存在。因此培训至关重要。通过培训导入大客户经营的流程、工具、方法，使参训学员掌握私人银行业务工作法，服务好存量私人银行客户，挖掘潜在私人银行客户（过往10年流失降级客户、300万至600万元临界客户）和通过公私联动等渠道寻找、拓展新的私人银行客户。

培训围绕解决业务难题展开，助力业务提升是我们的明确宗旨，行动学习培训就是助力业务提升的最好工具之一。北京分行与总行普惠金融部联合举办"代发赢家"行动学习培训。行动学习是一小组人共同解决组织实际存在问题的过程和方法。行动学习不仅关注问题的解决，也关注小组成员学习发展及整个组织的进步。行动学习更像是"连续剧"，支持学员边学边用边自己解决问题，促进了绩效提升。代发工资业务是零售业务批量获客的重要渠道，是储蓄存款、理财销售、代销保险、基金、信托私募等业务的重要资金来源。通过公私联动，以市场化程度很高的企业为目标，实现一定规模的代发，成为零售负债和各种派生业务的源头活水。我们开展的代发业务行动学习过程中，除支行之间进行代发业绩评比外，每个参与支行成立两个代发小组，小组间进行代发业绩PK。每个客户经理代发营销业绩上榜公示，每周组织代发工作会议总结经验，支行从以前的单兵作战变成团队合作，分享经验，大大提高了工作效率。形成代发业务营销方案后，员工处处营销代发业务，在存量客户里找代发；和贷款客户谈代发；和POS客户谈代发；与对公客户经理谈代发。各小组成员认真学习代发业务，按照任务分解努力拓展目标客户。这次行动学习培训我们还萃取形成了代发业务资料汇编和产品宣传手册，并将朝阳中心支行"代发冞家"行动学习培训成功经验复制推广到分行全辖。

"简单的事情重复做就是专家，重复的事情创新做就是冞家"。

5. 薪酬激励

薪酬是单位支付给员工的劳动报酬。薪酬包括薪和酬，即货币性薪酬和非货币性薪酬两大类。货币性薪酬包括直接货币薪酬、间接货币薪酬和其他的货币薪酬。其中直接薪酬包括工资、福利、奖金、津贴等；间接薪酬包括"五险一金"，即养老保险、医疗保险、失业保险、工伤保险、生育保险和住房公积金等；其他货币性薪酬包括带薪年假期、培训考察、团建旅游、病事假等。企业组织一般都"以岗定薪、薪随岗变"，根据岗位等级（职等）来确定薪酬等级。薪酬等级包括薪等和薪档。有些企业营销人员薪酬等级与业绩情况进行按月、季、年浮动挂钩，有的则按业绩进行提成。非货币性薪酬是指无法用货币等手段来衡量，但会给员工带来心理愉悦效用的一些因素。包括工作、社会职务和其他方面。其中工作方面包括工作成就、工作有挑战感、责任感等的优越感觉；社会方面包括社会地位、个人成长、实现个人价值等；其他方面包括友谊关怀、舒适的工作环境、弹性工作时间等。在薪酬激励方面"海底捞"是一个很成功的案例。"海底捞"作为一个火锅饮食品牌，把对顾客的服务做到了极致，成功的因素也许有很多，其中有两个主要原因：一是把客户满意当作企业的核心战略，二是员工激励机制做得很到位，让员工的收入来自其创造的结果。良好的晋升通道、独特的考核制度、尊重与关爱和大量的授权，他们把"感动员工"作为管理人员的基本要求。

从管理者到员工再到顾客，传递感动。"海底捞"员工的敬业和周到的服务的确让很多顾客折服。

随着人力资源管理理论的发展，人们对"薪酬"的认识逐渐发生了变化。薪酬不再仅仅是对员工付出的回报，而成为激励手段。有效的薪酬激励可以吸引优秀人才进入组织，可以使核心员工留在组织，可以使员工高效工作。因此，企业要围绕"服务战略、推动业务、提升业绩"的目的来制定合理的公司薪酬设计方案与激励制度，提高员工的积极性，实行自我价值。薪酬激励要坚持五个策略：公平薪酬策略、激励引导策略、共赢薪酬策略、价值判断策略、全面薪酬策略，达到效率、公平、合法、及时的目标。

一是要建立科学合理的考核制度。要建立一套科学合理的考核指标和实施细则。首先，考核指标既要能够真实反映短期的经营绩效，又要能够反映企业的长期发展状况，能够对经营者的经营业绩进行科学的衡量和内部折算；其次，要明确考核的主体。明确谁来进行考核、考核谁。最后，考核必须做到有奖有罚，以奖为主，赏罚分明。

二是业绩、绩效与薪酬要严格关联。对企业薪酬激励来说，一定要和足以将员工的工作业绩、考核评价情况、绩效和薪酬进行关联，这样才能起到保证效率和体现公平公正的薪酬激励作用。

三是薪酬体系要体现公平性。分配公平、过程公平、机会公平。根据科学家亚当斯的公平理论，经营者在评价自己的薪酬时，不仅关注其薪酬本身价值的大小，而且还会与其他规模相似、区域相同、业绩相近、地位相当、工种相似的同类相比。要尽可能使收入差距与每个人的能力贡献差别相一致，否则可能会因为分配不公，难以达到预期的目标。在制定公司薪酬设计方案时要本着公平的原则，为企业员工营造一个良好的竞争平台。

薪酬激励的真正意义在于使得员工能力资源最大利益化，并体现员工的自我价值。企业要制定科学合理的薪酬激励制度，并进行员工预期管理，最大限度地提高员工的积极性，解放企业的生产力。员工的努力会促进工作绩效提升，工作绩效提升会得到组织奖励，组织奖励会使员工满意，员工感到满意后会继续努力工作，这样就完成了一个薪酬激励的正循环，从而促进绩效不断提升。

他山之石——

不忘初心，无问西东
——团队从倒数第一到排名第二的赶超

"昨天有一种人的成功，即便是班上倒数第一名，但他依然保持快乐。因为你想啊，往后一看都没有人追我，往前一看，我想追谁就追谁。"（俞敏洪）

她，一位1981年出生的四川姑娘，从小到大学习和工作都是在一座吃着小火锅、打着小麻将的安逸之城——成都。为了成就先生的梦想，来到了广州，来到了一片自己的金融"沙漠"——没有家庭背景，也没有一个现成客户资源。2017年4月，行领导决定给刚生完二胎的她一个新的机会——去一家对公业务完全为零的综合支行做行长。走马上任后，她当务之急是培养团队，人从哪里来呢？这时一个人浮现在她脑海——刘一甲，1987年出生的河北小伙儿，金融学高才生，一直在分行尽调中心。于是把他拉进团队，把他当哥们儿，给他更好的收入、更好的职业未来。人有了，路在何方呢？她想做点不一样的，决定横穿"沙漠"，做"前卫"的业务，做上市公司、拟上市公司的业务，做投行业务，做金融市场的业务。目标有了，团队也有了，一切都在风风火火地进行着。8个月下来，团队大大小小报了12个项目，正准备大展身手，干一番事业的时候，最后获批下来的项目却只有2个！因为项目都是纯信用，在严监管的背景下，其他的项目要么就是信审不批，要么就是客户不用。但她心里明白：不能停下来，要继续，不能错失任何一个机会。

有这样一个故事：在一个重刑犯的监狱中，罪犯最害怕一种劳动：搬石头。狱警会让这些罪犯把一些非常重的石头从一边搬到另一边，等到第二天的时候，再搬回来。这个劳动没有任何一点的意义，所以每个罪犯在做的时候就知道是白费力，非常的痛苦。2018年春节后的一天，刘一甲这位哥们儿终于爆发了，他疲惫了，且疲惫得非常无力，他诉说道："现在手上有好几个项目，我哪怕是周末去分行加班，也要赶紧把它赶出来。可是我的心里有另外一个声音在说，赶出来了又能怎样？赶出来了，能获批吗？获批了，能落地吗？再说，我没有赶出来，您好像也没有过多地指责我。可是这种状态让我非常难受，因为我知道一年以来整个支行的客户都是你一个人营销的，你甚至通过调整业绩的方式，让我和你保持一样的行员等级。可恰恰就是你这么做，我才更加的难受。因为你当初想要我的'专业'，今天的我，给不了。"目标模糊，团队士气低迷，但是3个月后，他们团队却做到全辖28家支行综合考评第六，责任状完成率全行排名第二的业绩！

到底是如何扭转局面，触底反弹？带着疑问，她来到了上海张江之畔参加总行领导力培训学习，学习了自我管理这门课程，其中"第三通道陷阱"的知识点触发了她的反思。恍然发现自己的行为与情绪掉进了第三通道陷阱，认为事情理应如我所认为的那样发生，把过多的责任托付给了一甲（知识延伸：心智模式影响着我们的思考与行为方式；第三通道陷阱：应该如此——事情理应如我所认为的那样发生；跳出陷阱的方法：接纳已经发生的事情，调整自己的语言、行为和情绪状态，并找到信号源来阻断负向的心智模式，找出更多的策略和方法）。此刻，她开始站在一个更高的维度，重新审视自己的情绪和行为模式，阻断"应该如此"的想法，接受当下并拥抱变化，尝试寻找更多不同的解决方案。回到工作岗位，她制定了行动计划，每日坚持修心，持续落地实践。她找到刘一甲，平心静气地来分析团队的优劣势，确定了当下最主要的业务是做托管，同时把上年所有的项目再拉出来梳理一遍，找到更好的方案。努力得到了回报，几个月后，私募基金托管超过了30支，上年被否掉的一个项目，因现在有更好的方案，获批落地了。支行的业绩排名也不断上升。

不忘初心，无问西东。既然选择了远方便只顾风雨兼程。有一种品质，它比情商和智商更容易让你获得成功，这种品质叫坚毅。不那么聪明的她信心百倍地觉得她和她的团队秉持着这种品质，一定可以越走越好。

（本篇内容作者为兴业银行广州分行　雷春丽）

他山之石——

浅谈直销管理

这几年,我负责兴业银行广州分行信用卡营销中心工作,和同事及团队成员一起主要从事银行信用卡直销工作。经过大家的共同努力,我们广州分行信用卡营销业绩连续三年做到总行系统内第一名。下面我结合工作浅谈一下对直销管理的几点感悟。

一、知人善用,相伴成长

团队能否壮大,业务能否发展,关键在人,人选对了,事情就已经成功一半。但尺有所短,寸有所长,如何选对人,如何把合适的人放在合适的位置,确实值得去思考。我日常主要是观察,看大家的日常工作包括生活的点滴,尤其是细节的地方,来判断这位同志到底是适合带团队,还是适合做中后台。人选好了还要给予呵护,给他足够的空间、犯错的机会以及足够的包容,并经常给予指导性的意见或者建议,让其迅速进入工作状态,能够跟团队及业务一起成长。

二、目标明确，执行到位

业务团队的成长期，一定要给一个足够明确以及可以量化的指标，让大家明白做什么事情，要达到什么样的结果，朝着什么样的方向努力，通过什么样的方式方法，结果导向，细化目标，过程管理。明确目标后关键在于执行落地，后续督导跟踪尤为重要，在业务过程中边纠偏，边前行，达到目标要及时鼓励，调动大家业务积极性。

三、善于激励，敢于担当

业务过程要有足够的挑战性及趣味性，才更能激发员工的工作热情，所以团队管理就要在日常的经营过程中多设激励，包括精神激励及物质激励。我是要求团队80%的干部必须出自内部，从内部培养提拔，这样大家的稳定性、积极性及团队荣誉感更强，也更愿意发挥自己潜能去表现自己，敢担当，才会有所作为。

四、关系简单，氛围融洽

团队壮大后难免有分歧及冲突，领导层一定要及时干预，打造一种积极向上的氛围。我们团队要求所有基层管理要以职业经理人的标准来要求自己，以业绩论英雄，大家要相互帮助，充分沟通，相互协调，共同进步。只有团队关系简单，氛围融洽，相互帮助，才能更好地发挥团队的战斗力，取得更好的成绩。

五、步调一致，齐心协力

一个手指头戳出去会疼，五个手指头握成拳头打出去才是力量。在日常管理中我们一定要给大家灌输团队的力量是无穷大，让大家要有团队凝聚力。思想统一，目标一致，统一步伐，齐心协力才能去攻坚克难，摧城拔寨。所以平时除了工作上的要求，还要做好团队文化建设，心齐了，每个人都有责任感与荣辱心，事情就容易多了。

以上是我带团队和营销管理的一些浅悟，其实管理是在不断的工作实践中不断总结的一个过程，用心去工作，不断去改进，才能不断进步，组织业绩目标才能达成。学无止境，管理亦如此。

（**本篇内容作者为兴业银行广州分行　郑宇栋**）

第七章
拥抱变化

当今世界每天都在发生变化。唯一不变的就是变化。引用狄更斯《双城记》中的一句话："这是最坏的时代，这是最好的时代。"这是一个新的时代，这是一个移动互联的时代，这是一个创变的时代。知识更新、技术迭代，商业银行面临前所未有的创新与变革。新技术改变组织形态，新生代要求改变组织形态，新领导力引领组织形态改变。招商银行行长田惠宇在一次行长致辞中谈到："我们无法预测未来还会发生什么，但发生什么我们不会意外。"

凯文·凯利曾说："未来20年的技术走向的12个趋势：（1）形成，所有东西都在不断升级；（2）知化，与人工智能的合作表现决定你的薪酬；（3）屏读，任何一种平面都可以成为屏幕；（4）流动，你所做的生意，都是数据；（5）重混，大多数创新都是现有事故的重组；（6）过滤，能吸引注意力，就能赚到钱；（7）互动，它的影响将和AI一样深远；（8）使用，所有权价值变成使用权价值；（9）共享，核心不是分享，而是协作；（10）开始，技术的用途是用出来的；（11）提问，好的问题比完美的答案更重要；（12）颠覆，内因不是主要原因。"

近年来，跨界竞争互融导致行业边界模糊。虽然目前颠覆银行业的真正力量还没有形成，但小额移动支付领域已经是微信、支付宝和商业银行三足鼎立了。倘若商业银行对当前和未来将要发生的变革置若罔闻、无动于衷，势必落伍而逐渐被时代抛弃。数码相机的诞生，迫使胶卷厂家纷纷倒闭和转型。快递和外卖业的发展，致使方便面的市场一度萎缩。这正应了一句话：打败你与你无关。随着科技的发展，移动支付、互联网金融、区块链和电子货币的兴起，银行业正面临前所未有的挑战。

2018年11月，习近平致贺信第五届世界互联网大会："当今世界，正在经历一场更大范围、更深层次的科技革命和产业变革。互联网、大数据、人工智能等现代信息技术不断取得突破，数字经济蓬勃发展，各国利益更加紧密相连。为世界经济发展增添新动能，迫切需要我们加快数字经济发展，推动全球互联网治理体系向着更加公正合理的方向迈进。"由信息革命、新能源、人工智能和生物制药所带动的新一轮产业技术革命正在突破之中。移动互联、大数据、云计算、物联网和人工智能等新技术的广泛应用,人类的生产方式、生活方式、消费场景、商业业态和商业模式以及增长动力正在重构,顺势而为、主动求变成为银行业发展的大势所趋。战略转型、组织优化、机制创新和自我迭代正在重新定义商业银行和许多企业的商业模式和管理模式以及从业人员的认知、态度、知识和技能。工业时代注重的质量、成本、效率等组织能力,正逐渐被用户导向、创新和敏捷取代。适时而变,因客而变,应需而变成为了不可逆转的趋势。

北京大学教授陈春花在讲授"管理的未来:赋能与激活人"中谈到,未来管理者要做三件事:一是要有能够给团队成员描述愿景的能力,就是管理者要能帮大家嵌入梦想。二是要让组织的每一位员工看到更优秀的东西,这样他才可以不断成长起来。三是不断提升员工认知水平和认知能力。要学会管理员工的期望,协助员工找到自信和取得绩效,充分发挥组织平台集合智慧的作用,让员工个体能力得到充分发挥。

面对金融科技发展下的业务创新、面对新生代人才涌入的管理挑战,中央财经大学商学院与北京北森睿正人才管理咨询有限公司联合发布的《2018中国金融业人才管理实践白皮书——新技术、新生代、新领导力》提出,中国金融企业在人才管理方面急需致力于以下关键实践:(1)组织要做组织效能提升和变革的推动者、机制体制的设计者,更要做人才价值绽放与团队成长的责任人。未来的金融业人才管理,需要从体系优化和人才能力发展两个角度进行探索和实践。(2)围绕金融业和新生代的特征,建立围绕"体验质量"的人才管理机制和实践。金融企业可以主要围绕组织氛围(文化体验)、领导力(领导体验)、人才发展(发展体验)、认可激励(激励体验)等方面进行体验质量提升,以更好地实现新生代人才的有效管理。(3)拥抱变化,开展以"事件论"为导向的金融人才能力发展实践,以实现人才价值。

兴业银行行长陶以平认为："变是银行经营的环境，不变是银行服务实体本源、经营风险的本质。只要以客户为中心、以市场为导向，坚持高质量发展，就能适变而变，因变而胜，行稳致远。"以勤为径，变无不通。正如李嘉诚所言："鸡蛋从外面打破是食物，从内往外打破是生命。"无论是员工还是管理者，拥抱变化、自我提升、自我迭代、终身学习已经成为时代的共同选择。

1. 企业文化

企业文化是一种管理文化，其核心是企业的精神和价值观。良好的企业文化和正确的价值观是组织长久发展的根本。中国著名的经济学家于光远说过："关于发展，三流企业靠生产，二流企业靠营销，一流企业靠文化。"这一论述已成为众多企业管理者的共识。

2018年年末，兴业银行集团资产总额达6.7万亿元，市场地位和社会形象稳步攀升，在国内外各类评比中，收获2018年度亚洲卓越商业银行、最佳股份制银行等众多荣誉。2018年兴业银行成立30周年之际，总行制作完成了兴业银行集团新版宣传片。通过"岁月在变　基因不变""市场在变　匠心不变""格局在变　责任不变""追求卓越　永不止步"四个章节，全面展示本行集团实力、市场地位、企业文化与社会责任，勾勒出本行从地方性小银行起步，坚持市场化、差异化发展，成长为现代综合金融服务集团的足迹变迁，展现本行以客户为中心，坚持"真诚服务　相伴成长"经营理念，服务国家战略、实体经济、百姓民生的良好形象以及不负时代使命、执守金融本源，向"一流银行　百年兴业"持续迈进的兴业情怀与梦想。我与北京分行社会招聘新员工培训上课时一起学习交流了兴业银行的企业文化。作为一名区域分行的人力资源管理者，有必要把兴业银行的"三十年跻身全球三十强"光辉历史、充满活力的现在和拥有光明前景的未来尤其是兴业的企业文化以及自己所知所感薪火相传，让新员工了解兴业、热爱兴业并尽快融入兴业。

近年来，兴业银行跻身全球银行30强，走在国内股份制商业银行的前列，成为民众心目中助生活更美好的好银行。兴业银行这30年除了赶上国家改革开放和金融业改革发展的大好形势外，是什么样的文化基因使兴业银行从东南一隅跨越财务公司、地方小银行、区域性银行、全国性商业银行到现如今有影响力的全国股份制商业银行和以银行为主导金融集团？

回答这个问题首先要了解什么是企业文化？文化是相对于政治、经济而言的人类全部精神活动及其活动产品。企业文化是在一定的条件下，企业生产经营和管理活动中所创造的具有该企业特色的精神财富和物质形态。企业文化是企业在生产经营实践中，逐渐形成的，为全体员工所认同并遵守的、带有本组织特点的使命、愿景、宗旨、精神、价值观和经营理念，以及这些理念在生产经营实践、管理制度、员工行为方式与企业对外形象的体现的总和。文化是一个人，一个企业的精气神，是文明而化之。企业文化以企业为本，不仅包括组织员工开展丰富多彩的"吹拉弹唱"的职工素质文化，更主要的是一种管理文化。企业文化是企业的灵魂，是推动企业发展的不竭动力。它包含着非常丰富的内容，其核心是企业的精神和价值观。企业要想吸纳和留住优秀人才，首先要构建企业文化，阐明企业的价值主张，通过企业文化所产生的亲和力和凝聚力将认同或具有共同价值观念的人才凝聚在一起，从而产生巨大的战斗力。腾讯的企业文化是"成为最受尊敬的互联网企业"。2018年1月20日，腾讯研究院在北京启动了"科技向善"项目。华为公司致力于向客户提供创新的满足其需求的产品、服务和解决方案，为客户创造长期的价值和潜在的增长。华为的企业文化，总结提法比较多，有人说是狼性文化、创新文化，但我比较推崇的是华为公司的以下几点：一是远大的追求、求实的作风；二是尊重个性、集体奋斗；三是结成利益共同体；四是公平竞争、合理性分配。

那么什么是兴业银行的企业文化？兴业银行30年发展壮大的历程可歌

可颂、可圈可点的地方很多。尤其一以贯之的企业文化是我们的宝典。我们过去经常提兴业银行的文化是内部关系简单和高效率的家园文化。兴业银行的使命：真诚服务、共同兴业；兴业银行的愿景：一流银行、百年兴业。兴业银行的核心价值观：理性、创新、人本、共享。兴业的精神是：务实、敬业、创业、团队。兴业银行的治行方略：从严治行、专家办行、科技兴行、服务立行。这些都是兴业银行30年经典的提炼和总结。2018年，兴业银行开展了成立30周年纪念系列活动，其中一项就是对兴业银行的企业文化手册进行修订。企业文化手册修订项目组对我进行访谈时，我也提出了部分修订建议。其中一个建议是把兴业的精神"务实、敬业、创业、团队"修订改为"务实、敬业、创新、团队"，因为创业是兴业银行成立和成长阶段的企业精神特质之一，而现如今兴业银行经过30年的发展已经跻身站在全球银行30强行列，"创新"已经成为重要的基因。因此，"创业"应改为"创新"更为贴切。

那么，什么是兴业银行的文化内核或者说精神内核，我认为是：拼搏、简单、创新、共享。

一是拼搏。拼搏就是爱拼会赢，就是爱岗敬业，务实肯干，团结进取，就是紧跟时代脉搏的创新拼搏和认准目标永不放弃的韧性。兴业银行发源地和总行的管理层在福建，所以也传承了"海纳百川、爱拼会赢"的精神，传承了闽人闽商素有拼搏、务实和韧性的基因与特质。

二是简单。简单就是上下级和内部关系简单，摈弃烦琐礼节，改进作风，提高效率；就是专注做事本身，关系和谐、注重实效，内部沟通成本低，集中资源一致对外。合规是简单的保证和前提。合规就是审慎经营、稳健经营，这是兴业的优良传统，也是监管合规的要求。总行党委多次在工作会上提出的合规制胜、专业制胜，目的也是让银行稳致远，百年兴业。

三是创新。创业初期，出身"草根"的兴业银行以"主动服务、优质服务"为突破口，获得客户的认可和同业称赞，成功立足市场。这一时期兴业人展现了"坚韧不拔、敬业奉献、爱拼会赢"的创业精神。"二次创业"时期,兴业银行先后在上海、深圳、长沙和北京等地设立了分行,完成了向区域性银行转变,兴业人展现了"敏锐、果敢、进取"的特质。引入外资,登陆资本市场。并购、新设、逐步拓展信托、租赁、基金等业务,在商业模式上不断创新,摘得"同业之王"桂冠,发展成为有影响力的全国股份制商业银行进而成为大型银行集团。在这一时期,兴业人开拓进取,敢为人先,持续创新,追求卓越,寓义于利,展现了饱满的激情与活力。当前,国内外金融经济形势发生了新的变化,监管机构和政策进行了调整,混业经营和金融业进一步对外开放成为新趋势,兴业人唯有拥抱变化、敢于探索、不断创新,才能驰梦新时代,奋勇立潮头。

四是共享。共享就是海纳百川、共同兴业,共享创造成果。兴业银行是中国首家赤道银行,就是国内银行第一家按照世界银行环境保护标准与国际金融公司的社会责任方针形成的赤道原则,对贷款融资项目进行社会性评估,积极倡导绿色金融,积极履行社会责任和企业公民义务,真诚为客户服务,做有温度的金融,助生活更美好。兴业银行还大力倡导员工与企业共同成长,银行与客户共同兴业,企业与社会共同进步。倡导以人为本、团结互助、关心员工的身心健康和成长,注重员工的教育培训,培养员工团队精神和终身就业的能力。把员工作为企业的合作伙伴而不是简单的雇佣关系。以综合业绩为主的分配考核激励机制。员工个体价值丰富了兴业银行组织(平台)智慧集合,兴业银行平台支持了员工的创造和个人发展。积极倡导为想干事、能干事的员工提供干成事的平台。

兴业银行的企业文化是"一流银行、百年兴业"的基石,是引领实现"一流银行集团、百年兴业梦想"前行的力量。

2. 企业战略

  2019年1月,兴业银行董事长高建平、行长陶以平在全行年度工作会议上明确提出了"1234"的战略体系。即,"1"是以轻资产、轻资本、高效率为一条主线;"2"是以商行+投行、客户为本、商行为体、投行为用为两大抓手;"3"是以结算型银行、投资型银行、交易型银行建设为三项能力;"4"是以重点分行、重点客户、重点行业、重点产品为四个重点。"1234"的战略体系完整,符合新时代商业银行差异化发展的大趋势。北京分行按照总行的部署要求实行"内涵提升和外延扩张相联动"的中期发展战略,坚持"客户中心"和"中心支行"双轮驱动,把握大势谋转型,解决不足促发展,各项工作稳步推进,发展势头良好。

  总行和北京分行在2019年的工作会议上都用明确的战略作为企业发展的指导思想。战略一词来源于希腊语,其含义是指"将军指挥军队的艺术"。在中国,战略一词历史久远,"战"指战争,"略"指谋略。《辞海》中的定义为筹划和指导战争及非战争军事行动全局性的方略,泛指对长远的、全局性的、高层次重大问题的筹划与指导。美国学者安索夫(Ansoff)出版了第一本有关企业战略的著作《企业战略论》,成为现代企业战略管理理论的研究起点和标志。企业战略是指企业根据环境的变化,本身的资源和实力选择适合的经营领域和产品,形成自己的核心竞争力,并通过差异化在竞争中取胜。企业战略是设立远景目标并对实现目标的轨迹进行的总体性、指导性谋划，属宏观管理范畴，具有指导性、全局性、长远性、竞争性、系统性、风险性六大主要特征。企业战略是对企业各种战略的统称，其中既包括转型战略、人才战略，也包括营销战略、品牌战略等等。企业战略是层出不穷的，但基本属性是相同的，都是对企业的谋略，都是对企业整体性、长期性、基本性问题的计谋，是企业的经营理念和发展策略。

近年来，在北京大学光华管理学院和清华大学五道口金融学院进修的许多企业家把《毛泽东选集》和《孙子兵法》作为企业经营的宝典，其中最主要的就是把毛泽东和孙武的战略思维应用到企业经营之中。华为之所以成为优秀的公司，主要是实行正确的企业发展战略。其中技术研发战略、人才战略和全球化发展等战略被实践检验为正确的战略选择。兴业银行这些年的发展战略每次都能比较准确地把握了经济金融大势的脉搏，比如2008年全球金融危机时，兴业银行董事长高建平适时提出了"听党的话、跟政府走，按商业银行规律办事"战略思想。近年来总行提出了全牌照"综合化集团化经营发展""四重"（重点分行、重点客户、重点行业、重点产品）和"商行+投行"等战略到现在的"1234"战略体系。北京分行行长张霆提出了内涵提升与外延扩张、人力资源达标、阵地战和产品货架的"四个战略"，坚持"中心支行"和"客户中心"双轮驱动，比较准确地把握了经济形势和金融变革的脉搏，既符合总行的战略框架又结合分行和北京地区的实际，具有很强的前瞻性、全局性、根本性、长远性、指导性和可操作性。经过近年的实践和努力，北京分行组织架构得到优化，经营转型成效开始显现。近年来，北京分行综合实力稳步提升，2017年、2018年连续两年获得总行一类行综合考评第一名，为兴业银行在北京市场树立了良好口碑和形象。

"思路决定出路，态度决定前途，细节决定成败，战略决定命运"。近年来，北京分行实施"内涵提升和外延扩张相联动"的中期发展，取得了初步成效。外延扩张主要指区域支行的扩张、物理网点与无形网络的扩张、销售团队的扩张以及客户群体的扩张。内涵提升主要指员工专业化水平的提升、内涵指标的提升、管理能力的提升和销售策略的提升。因此，外延扩张不仅体现在员工和物理网点的数量及业务团队和客户数的增加，而且更强调弘扬"海纳百川、爱拼会赢"的文化，在北京市场上不断开拓，实现对区域客户群的覆盖与服务，进而推动业务的持续发展。内涵提升则重在专业化和经营管理水平提升上下功夫。这个核心战略比较准确地把握外部经济金融形势发生变化和分行内部存在诸多短板的实际，为分行持续发展和做大做强指明了方向。

首先，充分认清和积极面对外部环境的变化。外部环境变化表现以下几个方面：一是后金融危机带来世界经济提振乏力和国内经济走势持续呈"L"型。经济增速放缓成新常态。尤其2018年开始的国际贸易磨察增加了国内外经济的不确定性。二是利率市场化带来利差缩窄将成为不可逆的趋势。三是"互联网+"和"+互联网"带来的"支付革命"和人工智能、区块链等新技术发展的势头不可阻挡。支付宝、微信支付以及网贷平台等互联网金融都带来诸多挑战。正如马云所说："银行不改变，我们就要改变银行。"而且政府、民众和时代都欢迎这些"搅局者"。四是银行同业竞争和非银挤压进一步加剧。五是监管制度趋严带来业务营销和业务拓展要求更加规范和严格。同业业务首当其冲。当然变与不变都是相对的。社会发展进步、城市化、现代化的大趋势没有变，金融机构的职能和货币根本属性没有变，政府和监管机关防控金融风险的努力和对金融机构的准入及呵护没有变，社会和企业及个人对优质金融产品和优质金融服务的旺盛需求没有变，等等。总之，我们既要看清变化，居安思危，求变图强，又要看穿变化，抓住机遇，让传统业务和大资管、大投行、大财富等创新业务齐头并进，通过"外延扩张、内涵提升"，攻坚克难，穿越"牛熊"，跑赢大势。

其次，要研究北京同业发展及北京经济金融市场的特点及规律。近年来分行先后完成了八大区域中心支行筹建，业务管理平台的综合效应和业务发展效果逐渐呈现。分行还成立了直属客户业务中心，实施敏捷型组织和混承营销的探索。当前城区空白点和郊区县的网点也正在加紧筹建中。但物理网点与北京同业相比还偏少。因此有必要进行适度外延扩张。发展新客户、拓展新地区、做好新业务。当然扩张必须以内涵提升、基础牢靠和利润有效增长为前提。

最后，提升业务条线、管理服务部门及经营机构经营管理水平是内涵提升的题中应有之义。近年总行工作会议上提出流程银行、价值银行的概念，对我们的内涵提升和流程优化及工作效率提出更高的要求。"二线服务一线，全员服务客户"的理念已经成为习惯。目前，分行改革转型稳步推进，管理基础进一步夯实，业务协同效率和市场竞争力不断提升。分行业务管理和保障服务部门"主动沟通、主动服务、主动保障"逐步形成自觉行动。前中后台协作服务支撑一线的能力明显提升，但需要改善提升的地方还很多，只有主动作为，才能在竞争激烈的市场中赢得主动。

3. 组织的变革与优化

世界华人管理大师、"杨三角理论"创立者杨国安教授认为："企业的持续成功=战略方向×组织能力。"企业成功离不开战略，而战略的落地和推动，更需要过硬的组织能力。一些组织的进化正在悄然发生。

弗雷德里克·莱卢在《重塑组织》一书中把组织模式分为五种：一是冲动—红色组织。首领持续运用武力以保持队伍秩序。目前实例：黑帮、街党和部落武装，主导隐喻：狼群。二是服从—琥珀色组织。在等级制的金字塔结构中的高度正式的角色。目前实例：军队、大多数政府机构、公立学校系统，主导隐喻：军队。三是成就—橙色组织。目标是打败竞争者，取得盈利和增长。创新是处于领先的关键，实行目标管理（命令和控制做什么，将如何做的自由留给员工）。目前实例：跨国公司、私立学校，主导隐喻：机器。四是多元—绿色组织。在经典的金字塔结构中，聚焦于文化与授权，以达成非凡的员工激励。目前实例：文化驱动型组织，主导隐喻：家庭。五是进化—青色组织。弗雷德里克·莱卢把未来进化型组织定义为青色组织。青色组织的三大突破：自主管理、完整性和进化宗旨。目前实例：荷兰居家照护组织博组客，主导隐喻：组织是个生命系统。弗雷德里克·莱卢在书中也提到，这些分类和定义是相对的，比如有的公司既有服从—琥珀色组织性质，又有成就—橙色组织的特征。特别是同一庞大的组织体系可能在不同的领域表现出不同的组织形式，这属于混合型组织。商业银行和许多企业目前的组织形式表现为成就—橙色组织。有的表现为服从—琥珀色组织、成就—橙色组织和多元—绿色组织的混合型组织嵌套模式。

随着移动互联时代的来临，传统的管控式科层组织正朝着市场化网络组织和小团队加大平台的组织形态发展。日本企业家稻盛和夫的"阿米巴经营"、海尔的"倒三角"组织结构和华为的"铁三角"及"项目型组织"等等都是适应市场的新型组织形态。CEO、直线经理人和HR共同致力于打造价值创造、超越对手、根值于组织的可持续发展能力。

目前，大多数商业银行作为传统的金融机构在当前的发展周期暂不可能出现根本性的组织形态的改变，但在一些领域进行变革和优化势在必行。近年来，兴业银行北京分行积极适应金融经济形势和市场环境变化，结合北京区域的特点积极探索组织架构优化，坚持"中心支行"与"客户中心"双轮驱动，夯实了北京分行发展的基础与后劲，取得了明显的经营业业绩提升。2015年，北京分行针对北京地区管理半径和经营发展潜力大的实际情况设立了八个区域中心支行作为管辖行，对位于北京中心城区的东城、西城和海淀、朝阳以及东西南北的经营机构划片经营管理。区域中心支行作为阵地战的前沿平台，既管理服务辖属二级支行，还附着若干业务拓展团队，着力打好区域阵地战，把握区域市场机会、提升区域客群覆盖与市场占比。八个中心支行，犹如八艘航空母舰，中心支行引进建立的辖属业务拓展团队就放在中心支行本部，好比舰上停有舰载战斗机，而中心支行管辖区内的二级支行，好比护卫舰，这样就形成了区域联合作战平台，进行有组织的区域内系统营销，为客户提供全方位金融服务。2017年，北京分行推进了分行直属客户中心建设，积极探索产品部门为客户部门服务的分行直属客户业务中心加直属团队的组织形态，实行战略客户和细分领域的重要客户和新兴客户扫盲、拓展和维护。客户中心与产品部门各有侧重，落实客户分层分类管理改革，努力提升北京地区各类客户的覆盖率和金融产品及服务的使用率。总行在2018年半年工作会议上对北京分行的这一做法给予了肯定和表扬。从2018年下半年开始，北京分行对客户中心建设进行深化，对客群进行分类分层管理服务和营销。分行还加速客户中心专营团队建设，针对重点客户建立"客户经理、产品经理、风险经理"三位一体的组合团队这一敏捷型组织。对空白点、长期合作不达标、提升潜力大等三类客户，主动协同并督导经营机构抓覆盖和提升。对限期无进展的，由分行客户中心直营团队实施直营，从而产生"鲶鱼效应"，激活了全分行客户扫盲、提升服务和做深做透的积极性。北京分行还把网络金融部从一级部门下辖的二级部门独立出来归分行直管，成为分行的公共网络金融业务管理服务部门。

北京分行组织架构优化带来了新活力。这些组织的探索和优化，及时响应服务市场和客户需求，激发了经营机构活力，提高了运营效率。

4. 金融+科技

近年来互联网金融异军突起。移动支付、生活交费、线上理财和小额信贷等方面不断发力,并朝着业务模式专业化及小额化(小微、大众、分散)、高效便捷和服务社会实体产业以及新技术不断更迭方向发展。2018年上半年,国内微信支付绑卡用户已超过8亿户。支付宝用户已超过5.2亿户。支付宝已经在全球40多个国家应用。2019年,随着近距离无线通信技术的应用,手机对手机就可以完成支付。华为新出的手机可以当成便携式POS机。华为、银联联手正在致力于重构支付生态圈。在"打败你与你无关"的压力下,银行业开始思考和探索转型发展,积极探索金融服务及商务模式创新、科技赋能和精细化管理。

"金融+科技"或"科技+金融"的发展势头不可阻挡。现在和未来银行是线下和线上齐头并进的时代。线下的物理营业网点正在为客户的方便、快捷和良好体验进行"三大转变":一是从柜员到店员的转变,让柜员从防弹玻璃的高柜内走出来,在开放的低柜和理财室、休闲区与客户充分沟通和交互;二是从人工到智能的转变,营业网点智能机具对人工的大部分替代不可逆转;三是从卖金融产品到卖专业化、综合化服务的转变,综合化、专家化金融人才将成为"香饽饽"。而线上无形网络主要是手机端银行APP和各种业务平台系统,通过构建"消费场景+金融服务"或"线上交易结算"的商业模式,将给客户带来"高效、便捷、安全、实惠"的良好体验。

互联网金融和新型智能化网点成为探索的重要路径,科技赋能金融成为大势所趋。中国建设银行成立第一家全资子公司建信金融科技公司,网点智能机具对人工柜台的替代明显加快。中信银行与百度公司联合成立百信银行。工商银行、农业银行、中国银行、邮储银行、招商银行和民生银行等也在发力。平安银行网点的功能在延伸和拓展,北京地区的一些新改造的网点看起来像银行和咖啡厅的混合体。招商银行的"掌上生活"APP和兴业银行的手机端银行APP为客户金融服务和场景化消费提供便利。传统金融机构纷纷积极拥抱金融科技。浦发银行、光大银行、华夏银行和广发银行在科技人才引进和软硬件投入上也做了大量卓有成效的工作。兴业银行行长陶以平在2019年总行的工作会议上强调:"围绕总行战略合理配置科技资源,重点发挥'大科技'在'三型银行'(结算型银行、投资型银行、交易型银行)能力建设中的作用。着力构建开放银行技术支撑平台,尽快研发一批有市场影响力的开放银行成果,实现开放银行建设系统性突破。"兴业银行将加快金融科技体制改革落地步伐,完善组织模式、考核评价等配套措施,提升业务价值贡献在员工业绩评价中的比重,探索建立科技直接分享业务成果的机制,通过强化科学考核切实拉开科技人员绩效差距,有力提升科技人员工作质效,切实推动科技人员从系统建设和运维角色向金融产品和服务协同运营者角色转变。

在兴业银行转型发展的总体战略框架下,北京分行积极探索互联网金融业务和物理网点智能化工作。前不久,分行邀请中国互联网金融协会秘书长给分行党委中心组成员及各级领导进行互联网金融专题辅导和培训。北京分行把互联网金融部独立出来,成为分行直属的部门,成为分行互联网金融的公共平台。分行在手机端银行APP和业务平台系统,嫁接外部特定的交易应用场景,在大宗消费、生活便利、供应链金融、收付直通车、实现线上批量获客拓展业务等方面开始进行探索与尝试。在智能化物理网点方面,智慧银行将是一个大方向。因客而变、应需而变,才能赢得未来。北京分行作为重点区域分行,主动作为,积极探索智能机具和网络的集成,营造"创新+体验+服务",积极应用成熟的技术对传统金融进行创新和延伸,增加客户的便捷和良好体验。

当前金融科技的"集结号"已经吹响,"金融+科技"或"科技+金融"的发展不断提速。总行、分行各级高度重视,逐步加大科技人才引进和软硬件投入,进一步优化科技组织和制度机制,加速布局本行的无形网络和手机端银行APP,升级网上银行功能,提升网点智能化水平,构建"线上+线下、场景+生态圈"的全新网络服务格局。

5. 坚守与改变

"罗胖"——罗振宇在2018年"时间的朋友"跨年演讲中提到，在以前，变化可能只是生活的一部分；现在，变化可能成了生活本身。在历时四个小时的演讲中，罗振宇通过对2018年一整年的回顾和对未来的展望，最终揭示出：比起普通无法把控的大趋势，真正能给所有人带来机会、从细微处引发大变化的，恰恰是我们身边的各种"小趋势"。他还给小趋势下一个相对准确的定义。小趋势是影响趋势的趋势，带来改变的改变。

我的几个朋友正是因为把握了罗振宇所说的"小趋势"而事业做的风生水起。国瑞中能（北京）科技有限公司的合伙人李高良和邹莉等这几年专注做电力工程和电力设备方面的实体企业，因为在自己擅长的领域精耕细作把握了小趋势，生意一直做得风风火火，还在成都等地设立了京源（成都）电力工程有限公司和国铁瑞能（成都）电力设备有限公司等子公司。还有一个朋友Jerry（杰瑞）在云南大理开了几家加州阳光艺术连锁酒店，因为酒店品位独特、环境优美，成了众多游客包括许多网红"打卡"的外景地。他的成功也在于把握了小趋势打造了一片都市人心向往之的"世外桃源"。

由此我联想到，作为一名金融企业的管理者，一方面要坚守，面对各种变化和所谓的大趋势和风口保持定力，不赶时髦，不人云亦云，做自己擅长的；另一方面，要对身边的各种"小趋势"保持一定敏感度，因时机的变化而变、因客户需求变化而变、因管理对象变化而变。管理实践没有好不好，只有合不合适。此外，还要把自己带领的团队的小环境、小趋势搞好。要用心思考看问题的不同维度和视角，适时运用解决问题的不同方法和思路，在坚守与改变的对立统一中完成自我的蜕变与升华。比如，好高骛远的浮躁心态要改变，从0到1的创新与努力要坚守；商业模式和管理范式要改变，创造价值和为客户服务的初心和理念要坚守；故步自封的思维定势和坐井观天的视野要改变，勇于担当和以勤为径的理念要坚守。在改变中坚守，在坚守中改变。

作为中层管理干部、团队负责人，大家都有"两把刷子"，有的还有"三头六臂"，但在管理实践中我们并不是一个人在战斗。首先，要主动作为、勇于担当。有作为才有地位，有能力才有业绩，有实力才有魅力。团队负责人要理思路把方向，发挥个人的引领作用和团队的集体智慧，冲锋陷阵、攻坚克难。绝大多数情况下必须由我们个人及所带的团队在面对各种复杂的环境和困难时砥砺前行、无问西东。遇到棘手的事要学会问自己五个问题：这件事的意义是什么？这件事背后原因（投影源）是什么？这件有没有更好的解决办法？这件事我需要做什么、能做什么？这件事是否需要向分管领导和上级汇报？有了问题也就会有答案。其次，要善于借。借智、借力、借东风。借他山之石，学习他人好经验好做法，借员工的智慧问计于员工，借其他部门（单位）配合，借各种社会资源，借好的时机。抓住时间和机会的窗口，静若处子，动若脱兔。最后，必要时要学会求助。当然这招要用在非用不可的时候。我们是下属的领导，也是领导的下属。我们个体的智慧及所带团队的业绩与大团队（组织平台）力量互相支持互为支撑。当我们遇到实在解决不了的问题，遇到"猪八戒一样"的队友和打不死的"妖怪"，我们要像孙悟空一样学会求助，向"土地公"问路，向"观音菩萨"求助，甚至向"如来"搬救兵。

"余生很长,不必慌张"。只要在管理实践中不断修炼飞升,在改变中坚守,在坚守中改变,既对外部的变化保持一定的敏感,又按照自己的节奏,适时把握住小趋势,定会书写出各自不一样的精彩。

他山之石——

直面变化　拥抱变革

2018年以来，我国对外面临贸易摩擦以及地缘政治变化等错综复杂环境，对内面临去杠杆、调结构、控风险，同时央行不断调整货币政策，从中性到松紧适度、保持流动性。从海外到国内，从实体经济到金融市场，从大类资产到监管政策，我们正在经历一场自上而下的变革。2019年中央经济工作会议指出"经济运行稳中有变、变中有忧，外部环境复杂严峻，经济面临下行压力"；同时提出"要善于化危为机、转危为安"。上层制度建设的加强，内外环境的变化，短期内会对金融机构的传统业务产生影响，但从中长期看，如何化危为机、转为为安，如何穿越变局、回归本源，无疑是我们当下的重要课题，也是未来开创新业绩的基础。

对于新形势下的商业银行，我们面临的不是要不要变化的问题，而是如何直面变化，化危为机，做得更好。客观地说，兴业银行有着迅速接受变化，走差异化发展之路的内在基因和经营文化。特别是在我行优势的投资银行业务领域，一直在变化中接受新基因，变化新形式，从重资产投放到轻资产流转、撮合交易，从标准化承销到普通非标、再到股权投资，从政府、房地产业务到私有化业务、海外杠杆收购、股权交易，从国内业务到境外发债等。投行业务看似纷繁复杂，是金融世界中的异形，但在无休止变形的背后，投行和商行一直遵循一些基本规律。资金面变化、监管的变化导致业务品种和内在观念体制的变化，决定了商业银行业务的演化进程。

一、资金面变化：从"融资"到"投资"

多年以来，国内资金面主要经历的是从稀缺到富余的过程，带动商业银行业务也从"融资"向"投资"转变。从投行业务来看，作为资金市场的中介，投资和融资是硬币的正反面，资金状况的变化影响着投资银行的业务模式。当资金稀缺时，投行以卖方业务为主，替企业募资，客户群体主要面对政府、房地产和大型企业。当资金逐渐宽松时，业务重心逐步转向资产管理、撮合业务、销售业务、代客理财等。投行业务从以卖方为中心转向了以买方为中心，模式从为项目找钱，也就是融资，转向了为钱找项目，也就是投资。2018年在金融监管的局面下，资金面并没有出现明显的流动性拐点，广义上虽然流动性收紧，同业、非标业务萎缩，但银行间市场资金面明显好转，出现"债牛"行情，催生了一波业务机会。2018年中央经济工作会议指出，"稳健的货币政策要松紧适度，保持流动性合理充裕，改善货币政策传导机制"。这一指导较上年度更加宽松，2019年保持流动性合理充裕的货币政策基本格局将延续，也继续考验着商业银行的投资眼光、投资能力和资产负债管理能力，这是商业银行适应外部变化的核心价值。

二、监管政策变化：业务优化，弯道超车

2018年财政部、央行以及银保监会等部门延续了上年的强监管政策，财金〔2018〕23号文、资管新规等相继落地；银监4号文要求进一步深化整治银行业市场乱象，审计署和福建省银监局先后对我行进行审计审查。在监管层态度的背后，是监管对金融生态的制度重塑。从大格局上来看，监管的思路仍然是"堵偏门、开正门"，引导银行缩减影子银行业务，回归传统业务

本源。如何顺利回归和切换，要从传统存贷款业务本身的局限性和创新业务的合规性之中找到平衡。2018年总行下发了《兴业银行客户统一授信管理办法》，对客户授信和整体信用风险进行了强化管理，行内投行非标业务受到明显限制，但同时，总行也提出了打造债券银行，开展标准化、类标准化业务，加大标准化产品的配置力度；利用金融市场资源，开展撮合业务、并购业务、股权业务，走轻型银行道路的思路。监管的变化使投行业务演化的速度有所放缓，但专业能力和市场响应速度的提升，踩准经济结构调整的节奏，加快自身供给侧结构性改革，将使有能力的金融机构实现业务优化和弯道超越。

三、内生转型：创新发展的驱动力

随着市场的深入变革，投行业务也将持续变革转型和持续自我更新。

首先，管理方面从"管控"到"赋能"转变，实现人力资源的存量激活。投行创新、互联网金融等新兴业务的不断发展已经颠覆了传统银行的生存生态。传统依靠"管控"的管理方式已经不能满足员工的管理需求。员工需要的不仅是一个岗位，还是机会和提升；企业对员工的要求也不仅是胜任，而是创造价值和价值升级。实现内部资源的存量激活，从"管控"向"赋能"转变，打造具有统一价值观的团队，让每一位员工了解兴业银行前瞻战略、创新基因、高效执行力和应变力的文化传统。形成有效的沟通传导机制，帮助员工找到自身在转型过程中的角色和定位，从根本上认同和推动转型，确保上下同心，信息对称，创造员工和企业利益共同体的氛围。未来发展要求组织的管理不再是命令和管控式的，而是赋能和授权，激活内部的存量战斗力。

其次，观念方面从"投放规模"向"创造价值"转变，完成业务上的增质优化。从规模扩张转变为提质增效，从重规模转到重质量、中长期可持续发展上。一个团队如果只满足于完成眼前的KPI，会感觉到处处都是困难和压力。而转型需要站在更长远的高度主动思考，看到任何情况下都存在着的机会，随着学习提升、扩大对市场和行业的理解，加深对总行战略的认识，重新构建和审视自身的核心能力。

在未来方向上，总行基于对形势变化的研究，明确提出了建设"结算型、投资型、交易型"三型银行，在此基础上确立了"商业银行+投资银行"并举的经营战略。在巩固加强商行基础的同时，不断增强投行的竞争力。发展投行业务，推动社会资金直接对接实体经济融资需求，提供跨市场、跨币种的一揽子金融服务方案，服务产业结构调整和转型方向，放大引资融智的效能。分行投行团队在充分理解总行战略转型目标的基础上，依靠专业、合规制胜，优化业务，不断朝价值投行的目标迈进。

最后，改变原有的结构和组织管理模式，推动体制机制改革。适应市场和监管的需求，按照总行的目标，设置相对独立的新兴业务板块，让传统业务和新兴业务相对分离，让客户部门和产品部门相对分离，采取客户与产品双维度的业绩衡量和考核评价机制。以投资银行股权投资为例，投资退出的期限较长，当期无法实现投资收益，但产品维度的考核评价可以用更灵活的手段对类似的新兴业务进行更合理的评价。按照总行的机构部署，在分行层面也打破条线割裂，打通从承揽、承做、承销到投资对接、交易流转的业务链条，提升协同联动和运营效率。在组织机构上，扁平化、专业化的同时，考虑设置一些新兴岗位来激励员工，支持基层员工取得绩效，开放边界为员工创造价值提供帮助和支撑。

正如兴业银行行长陶以平所说，"变是银行经营的环境，不变是银行服务实体本源、经营风险的本质。只要以客户为中心、以市场为导向，坚持高质量发展，就能适变而变，因变而胜，行稳致远"。

（本篇内容作者为兴业银行大客户部　孙隆刚）

他山之石——

FICC业务助力实体经济
——汇率避险业务实践

FICC，即固定收益、货币及大宗商品（Fixed Income，Currencies & Commodities）。随着中国加入特别提款权（SDR）、中国经济结构调整、国际收支平衡、汇率改革的内在要求，未来人民币汇率双向波动将成为"新常态"，并且波动幅度进一步提高。面对汇率的波动弹性加大，大量进出口型企业及全球型企业面临较大的汇率风险，该汇率风险对企业的财务报表有较大影响。因此，如何选择合适的避险工具规避汇率风险将成为企业财务风险管理面临的新难题。

首先，企业在进行汇率避险业务实践时，往往存在一个误区：选择避险，亏了怎么办？有些企业认为选择避险产品规避未来的汇率风险，如果方向反了，企业就会亏钱。举例来说，如果某一出口企业刚收到一笔出口订单，订单金额是1000万美元，收款期为6个月，也就是说企业需要6个月后才能收到1000万美元货款，假定企业选择了远期锁汇产品（该产品是和银行签订一个合约，约定到期日无论市场价格多少，企业均可以按照该汇率与银行进行卖出美元买入人民币的结汇交割），假定汇率6.8。有些企业会想，如果6个月后汇率变成6.9了，则企业每结汇1美元，就亏了1毛钱，总共亏损了100万元。在实际操作中，我们发现企业要避险，首先要建立一个科学的财务成本测算框架。何为科学的财务成本测算？举例来说，如果企业能估算生产成本，假定为6500万元人民币，那么，这笔订单的利润率就取决于未来6个月1000万美元能够换成多少人民币。若企业该笔订单利润为300万元人民币，如果企业不进行汇率避险，企业收到美元时，有可能汇率价格为6.4，也有可能为6.9，这导致企业该笔订单有可能利润为负，当然也有可能有较高利润。但对企业来讲，首要保证的是企业正常的合理利润。

其次，企业需要根据自身的现金流及财务成本情况，选择合适的避险产品。目前，中国的外汇市场有即期、远期、掉期、期权等基础产品，现有外汇产品目前已经基本能够满足企业的汇率避险需求。伴随汇率的新常态，未来以远期、期权设计的组合产品更具灵活性，更能应对未来的市场波动。举例如下：企业2019年2月1日与银行签订如下合约，即期汇率为6.75，到期日为2019年8月1日，交割日为2019年8月2日，合约金额100万美元，6个月普通远期结汇价格为6.7450，本产品合约约定执行汇率为6.79：（1）如果2019年8月1日观察的参考价格小于或等于6.79，贵司在2019年8月2日以6.79的价格向我行结汇50万美元；（2）如果2019年8月1日观察的参考价格大于6.79，贵司在2019年8月2日需以6.79的价格向我行结汇100万美元。参考价格取到期日2019年8月1日下午3点外汇交易中心报价。收益分析：在该方案下，企业能够获取高于普通远期结汇价格（6.7450）450pips的收益。若到期日参考价格低于或等于6.79，则企业与银行在完成50万美元结汇交割后无任何后续权利义务关系，实现了企业结汇价格的改善。对于50万美元结汇，该方案使得企业的结汇收益提高了2.25万元人民币（450pips×50万美元）。若到期日参考价格高于6.79，企业须在银行以6.79的价格结汇100万美元，若企业因订单问题临时没有足额的资金用于交割，可以对未交割部分进行差额结算，结算损益（人民币）=未交割美元金额×（参考价格-6.79），企业将该金额向银行支付。风险揭示：该产品的风险在于人民币大幅贬值到6.79以上，且企业在2019年8月2日及以后都没有足额外币资金用于交割，则企业需要被迫对未交割头寸进行差额结算，向银行支付结算损益，导致企业损失。需要说明的是，该案例如果针对一直有出口收汇的企业来说，方案相当不错，因为不管是结汇50万美元还是100万美元，都以优于期初普通远期结汇价格（6.7450）450pips的6.79价格结汇。但如果企业本身不是出口型企业或者企业订单出口额小于100万美元的，则不适宜。假设企业境外融资成本为4.75%，本金1亿美元，期限3年，到期日2022年1月15日。企业于2019年2月1日外债资金到位并可操作换汇业务，常规操作是企业结汇，然后到期时选择即期购汇还款。在海外操作事务时，可选择：企业在银行签订到期日2022年1月15日，起息日为2019年1月15日的货币互换业务，期初将美元换成人民，到期时将人民币换成美元支付外债本金，在外债利息付息日，银行将客户所需支付的外债利息以美元形式支付给客户，客户归还其美元利息，客户仅需支付给银行以人民币计价的利息。现金流如下：客户期初将1亿美元，按照即期汇率（6.8）换成人民币，即客户获得6.8亿元人民币；客户每半年支付人民币利息5.0%（价格随市场波动较大），利息6.8×5%=1700（万元人民币），共支付6期；银行每期支付美元金额给客户，金额5000×4.75%=237.5（万美元），企业拿到该美元金额支付其外债利息。到期日2022年1月15日企业偿还本金6.8亿元，银行支付企业1亿美元，企业拿到该笔金额归还外债本金。方案效果：若未开展该业务，企业每半年需按照到期汇率兑换美元，并支付利息，存在汇率波动风险。开展该业务后，在发债初期就能确定之后三年每一次付息的确切人民币金额，相比支付美元利率来说，通过支付人民币利率成本，企业财务成本可精确测算，企业财务报表稳健。但如果本身企业的外债就用于海外资金用途或者企业未来可用收付的美元进行还款时，则不适宜操作该业务。因此，企业需要根据自身的实际需求，同时基于科学的财务成本收益要求选择适合的汇率避险产品。

最后，需要强调的是，企业虽然需要选择合适的汇率产品规避汇率风险，但是企业不能过度避险，不能把避险工具作为投资工具使用。总之，一个理性决策主体的成熟汇率避险策略，是借助远期结售汇、货币掉期及外汇期权业务等衍生金融工具锁定未来外汇交易带来的不确定性的财务成本或收益，而不是以"裸奔"的汇率敞口风险去检验企业对外汇走势研判的准确性，更不是在投机外汇交易中赚取额外收益。

（本篇内容作者为兴业银行资金营运中心　吴学宝）

附录

实践课题：如何激发一线团队负责人的内生动力？

一、课题背景

在什么背景下提出这个课题？有怎样的意图？

市场的竞争，某种程度就是人才的竞争。如何吸引人、培养人、留住人，为想干事、能干事的人创造好的平台环境，是一个企业发展的永恒主题。尤其在当今易变、不确定、复杂和模糊的VUCA时代，战略生态化、组织平台化和人才合伙化渐成趋势，需要我们不断思考组织、人才和组织与人才的关系。华为的"三个一切"（一切为了前线、一切为了业务、一切为了胜利）成为很多企业学习的标杆。兴业银行北京分行是2000年1月在首都北京成立的区域分行，处在转型发展、创新求变的关键时刻，正面临如何引进和保留优秀经营人才，如何解决好员工个人的成长和希望与企业的发展目标相向而行，如何提升关键岗位如团队负责人的敬业度、业绩达标率等问题。近年来北京分行按照总行"商行+投行"的"1234"战略，实行了四个战略，包括外延扩张与内涵提升战略、人力资源达标战略、产品货架战略和阵地战战略。正如总行人力资源部副总经理何双钢在总行"兴火动力"高阶人力资源管理者培训开班致辞中讲到的"心怀战略、密联业务、抓住人才"。人力资源工作已经上升到分行的战略层面，一线团队负责人是我行的关键岗位人才，如何对他们进行愿景价值观引领和赋能，如何激发一线团队负责人的内生动力，提升敬业度和业绩水平，降低目标人才主动流失率，助力北京分行健康持续发展，是我们人力资源工作的重要课题。

二、现状梳理

信息收集表4W1H

说明：课题小组可以通过4W1H信息收集工具，在项目正式实施前收集的必要信息（资料），为项目开展提供必要的帮助，减少课题方向和关键要因分析的偏差，避免走弯路，也会在过程中不断澄清课题。

要获取什么信息 What	从何处得 Where	由谁负责 Who	用什么方法 How	获取时间 When
雇主品牌满意度调查	本课题组组长所在机构（北京分行）	组长/组员	问卷调查	201×年年底
三大条线团队负责人业绩达标率	本课题组组长所在机构（北京分行）	组长/组员	业务条线统计分析	201×年×月×日
关键岗位流失率	本课题组组长所在机构（北京分行）	组长/组员	人力资源统计分析	201×年×月×日
组织目标达成率	本课题组组长所在机构（北京分行）	组长/组员	计财考核指标	201×年6月30日

现状分析报告

基于信息收集情况，尽量用数据说明现状情况如何？

根据课题需要前期搜集北京分行的201×年的相关数据

北京分行一线团队负责人顾主品牌满意度调查数据与员工调查数据结果基本一致（201×年数据，（略））

一线团队负责人（企金、金市、零售）达标情况汇总表（略）（201×年×月××日）

北京分行201×年人员流失情况分析

1.总体情况

201×年，北京分行新入职正式员工××人（发薪口径），离职[①]××人，离职率为×%。月均离职人数为××人，月均离职率为0.×%。其中，201×年4月离职人数最多、离职率最高（×%），主要影响因素为年终奖已发放完毕且恰逢春季跳槽高峰期；201×年5月离职人数最少、离职率最低（0.×%）。

2.系统内比较

北京分行员工离职率在兴业银行系统内八家一类分行中排名第六位，高

---

① 离职认定标准已办理完移交手续并停薪，统计口径包括辞职、解除/终止劳动合同、系统内调出、退休等所有与分行解除劳动关系的形式。

于N分行、F分行，属于正常偏低的水平（一类分行平均离职率××%）。B、N、G、H四家分行人员流动性较大，即新入职员工人数和离职人数均较多（略）。

3. 与北京同业对比

经了解，北京地区股份制商业银行201×年平均离职率约为×%，除G银行、P银行离职率较高外（均为×%），各家股商行员工离职率均为×%左右。

4. 条线分布

企金条线和零售条线离职人员最多（占比均为××%），风险条线离职人员最少（占比×%）。从离职率来看，零售条线人员离职率最高（×%），企金条线次之（×%），两者离职率均高于分行平均值（×%），主要原因为这两个条线集中了大量的营销人员，流动性较大；其他条线离职率相差不大，均在×%左右，柜面人员离职率最低（×%）。

5. 岗位分布

201×年北京分行离职人员中营销序列居多，占比超过半数，其中客户经理岗位离职人数最多（××人），占全部离职人员的××%。非营销序列方面，业务管理岗离职人数最多（××人），占全部离职人员的××%；中基层管理干部离职人数亦不在少数（××人），占全部离职人员的××%。

201×年北京分行离职人员中，目标人才（一线团队负责人）主动离职率为××%，与员工的平均数趋同略高，年化离职率为×%。

6. 区域分布

分行部门离职人数最多（××人），占全部离职人员的××%；××中心支行（含其辖属网点）离职人数为八大中心支行中最多（××人），占全部离职人数××%。离职率方面，××中心支行（含其辖属网点）离职率最高（×%），××中心支行次之（×%），两者均高于分行平均离职率（×%）；东城中心支行和昌平中心支行离职率最低（×%），其他单位离职率均与分行平均值持平。

7. 行龄分布

按行龄划分，离职人员主要集中在1–3年行龄的员工（占比××%），由于第一年是员工融入新环境的主要时间段，而3年是劳动合同的一个签订周期，因此1–3年这个区间是员工容易出现摇摆和跳槽倾向的阶段。一旦行龄超过3年，经过一次劳动合同续签后，员工跳槽的主观性和主动性大大降低，体现为3–5年行龄的离职员工占比较低（××%，远远低于1–3年档）。但5–10年行龄的离职员工占比仅次于1–3年行龄者，说明这个阶段员工作为各个岗位的业务骨干，往往面临职业发展的某个瓶颈，如果不能予以晋升或及时进行有效激励，很容易由于主动跳槽或同业挖角等原因而流失。10年以上行龄的离职员工占比最低，一定程度上反映了老员工的忠诚度和敬业度。而1年以下行龄的离职员工占比高达××%，应当引起特别关注，避免"一边招人的同时另一边新人不断离职"的现象，侧面说明如何加强新员工培训培养、组织支持、管理引导和栓心留人尤为重要。

8. 离职原因构成

离职人员中，因业绩不达标主动辞职的营销岗位人员占比×%；另外，因业绩不达标被清退的营销岗位人员占比××%，通过加强对低业绩人员的关注和督导，主动淘汰掉业绩持续较差、无法适应股商行发展节奏的营销冗员。但与此同时，同业挖角、不适应股商行压力和企业文化的离职人员占比比较高（占比达××%），这一点在银行同业中虽属普遍现象，但后续一方面应继续通过建立人力资源沙盘、引入招聘工具、引志同道合人才、加强招聘审核等方式严把招聘质量关，另一方面亦应提高在员工试用期考核和管理上的投入度，帮助其融入团队、融入文化、熟悉产品和流程，尽快发挥效能，增强其归属感和忠诚度。

201×–201×年一线团队负责人（支行行长及业务部总监）流失人员情况分析

201×年至201×年，北京分行新入职支行行长及业务部总监××人，离职人员××人，离职率为×%。201×年离职人数最少、离职率最低（×%）；201×年离职人数最多、离职率最高（××%），主要影响因素为201×年及201×年入职人员新增××人，增长率占比××%，人员流动率增加，剔除系统内调动和退休等因素201×年实际年化离职率××%。201×年离职率下降为×%。

离职人员主要集中在1–3年行龄的员工（占比××%），其中××%的员工为主动辞职，另外××%员工因业绩不达标被淘汰。

1年以下行龄的离职员工占比达到××%，一定程度上反映出新员工适岗力有所欠缺，以及在招聘环节上须对候选人业务能力情况加强了解。

行龄超过3年，经过一次劳动合同续签后，员工跳槽的主观性和主动性大大降低，同时员工逐渐适应工作节奏及工作强度，体现为3–5年行龄的离职员工占比较低（×%，远远低于1–3年区间）。

5–10年行龄的离职员工占比仅次于1–3年行龄者，由于近几年业务发展迅速，考核压力增大，存在一部分老员工跟不上市场化节奏，这反映在5–10年行龄离职员工中有近××%人员因业绩不达标而离职。

10年以上行龄的离职员工占比虽然较高，但其中仅一位员工为主动离职，其余人员均为系统内调动或退休。

对比标杆分析法

对标数据：内部标杆、同行业竞争对手标杆、跨行业学习标杆

项目	痛点一：目标人才主动流失率	痛点二：雇主品牌满意度
现状数据	××%（2017年化）	××%（2017年时点）
对标数据	×%（2017年化）	××%（2017年时点）
对标数据来源	某股商行某分行	某股商行某分行
差距	×%	×%

三、课题聚焦

课题名称：

如何激发一线团队负责人的内生动力？

相关人分析（谁是客户？）

1. 分行党委及二级分行（中心支行）班子成员；

2. 各条线业务（客户）管理部门负责人；

3. 中层管理干部、一线负责人及分行本部人员。

课题价值（解决什么痛点问题？带来什么好处？）

业务价值：

提高团队达标率和一线经营机构业绩整体水平。

管理价值：

提升一线团队负责人敬业度、内生动力，确保组织目标达成。

课题现状（事实数据说话）

（内外部相关＋客户满意不满意）数据信息：

201×年，北京分行雇主品牌满意度为××%。201×年北京分行不达标的团队负责人占××%，保护期的占××%。201×年北京分行目标人才主动流失率为××%（年化），2018年上半年北京分行离职人员中，目标人才(·一线团队负责人）主动离职率为×%，与员工的平均数趋同略高，年化离职率为×%。

课题SMART目标（如何衡量课题成功？）

衡量维度：

团队负责人敬业度、团队达标率、一线团队负责人主动流失率；

目标数值：从X到Y（Y可包含基本与挑战）

不达标的团队负责人占比从××%降到××%，一线团队负责人年化主动流失率从×%降到×%，一线团队负责人雇主品牌满意度提升×%（雇主品牌满意度从××%提升到××%）。具体时间截至201×年12月31日。

四、第一阶段指导意见

反馈维度	分值（1-5分）	评语
课题价值度	4.9	课题关注银行关键岗位甚好
现状分析是否深入	4.7	数据分析有真实背景
目标的可衡量性	4.5	目标比较具体
目标的合理性	4.5	目标总体较为合理
建议	1.可能的风险点：目标达成时间是否够用。 2.其他后续开展的经验分享与建议：一是进行客户验证，二是行动措施注重可操作性。	

五、要因分析

5.1 团队达标率

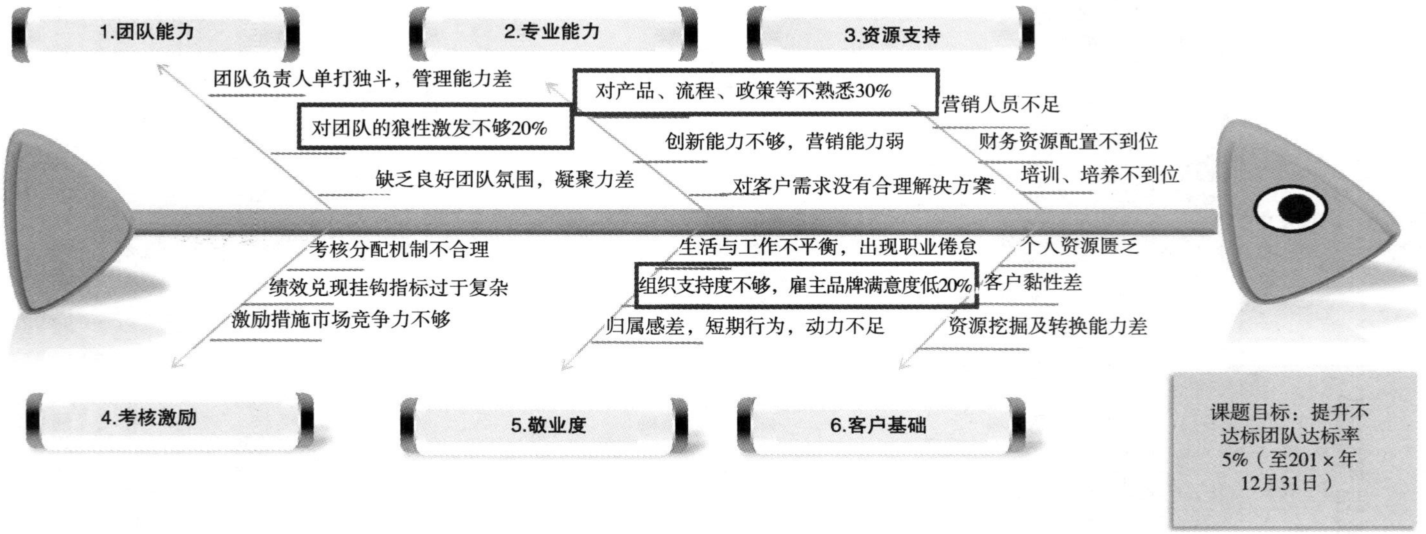

课题目标：提升不达标团队达标率5%（至201×年12月31日）

1. 团队能力
- 团队负责人单打独斗，管理能力差
- 对团队的狼性激发不够20%
- 缺乏良好团队氛围，凝聚力差

2. 专业能力
- 对产品、流程、政策等不熟悉30%
- 创新能力不够，营销能力弱
- 对客户需求没有合理解决方案

3. 资源支持
- 营销人员不足
- 财务资源配置不到位
- 培训、培养不到位

4. 考核激励
- 考核分配机制不合理
- 绩效兑现挂钩指标过于复杂
- 激励措施市场竞争力不够

5. 敬业度
- 生活与工作不平衡，出现职业倦怠
- 组织支持度不够，雇主品牌满意度低20%
- 归属感差，短期行为，动力不足

6. 客户基础
- 个人资源匮乏
- 客户黏性差
- 资源挖掘及转换能力差

识别要因：团队能力、专业能力、资源支持、考核激励、敬业度、客户基础

要因一（百分比）：对团队的狼性激发不够20%

要因二（百分比）：对产品、流程、政策等不熟悉30%

要因三（百分比）：组织支持度不够，雇主品牌满意度低20%

附　录　实践课题：如何激发一线团队负责人的内生动力？　193

5.2 一线团队负责人主动流失率

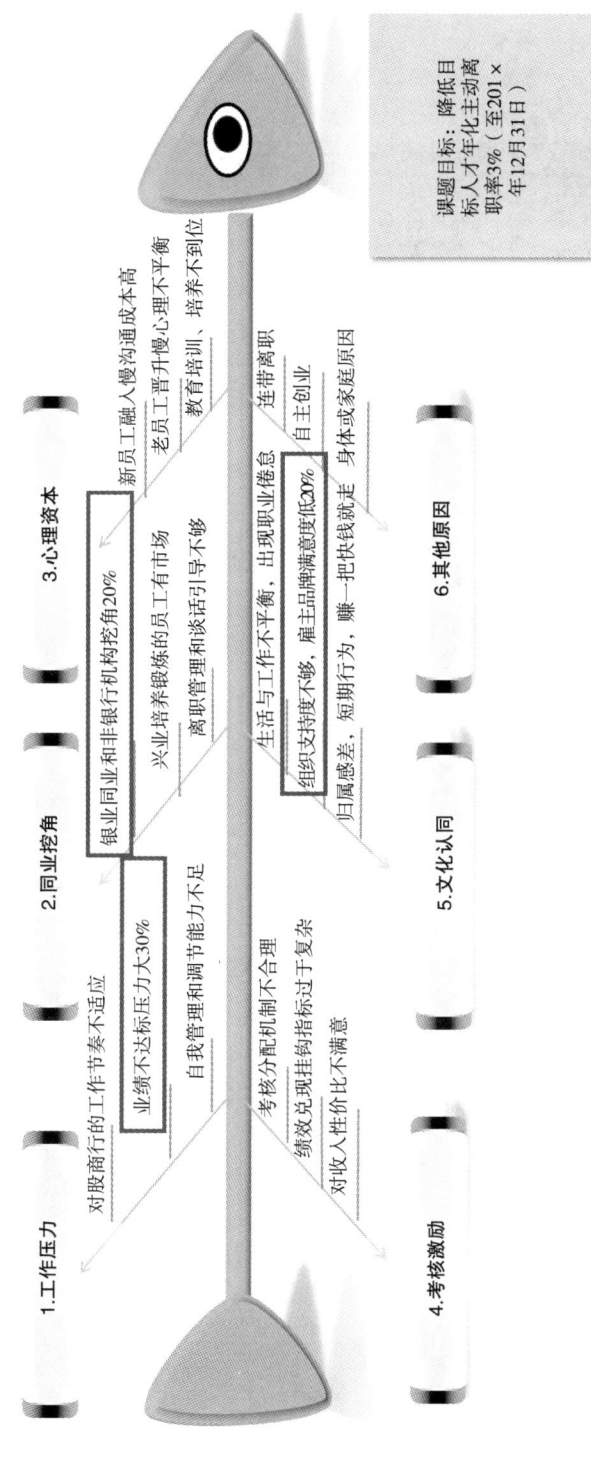

课题目标：降低项目标人才年化主动离职率3%（至201×年12月31日）

识别要因：工作压力、同业挖角、心理资本、考核激励、文化认同、其他原因

要因一（百分比）：业绩不达标，压力大30%

要因二（百分比）：银行同业和非银行机构挖角20%

要因三（百分比）：组织支持度不够，雇主品牌满意度低20%

5.3 团队负责人敬业度

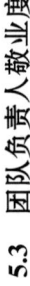

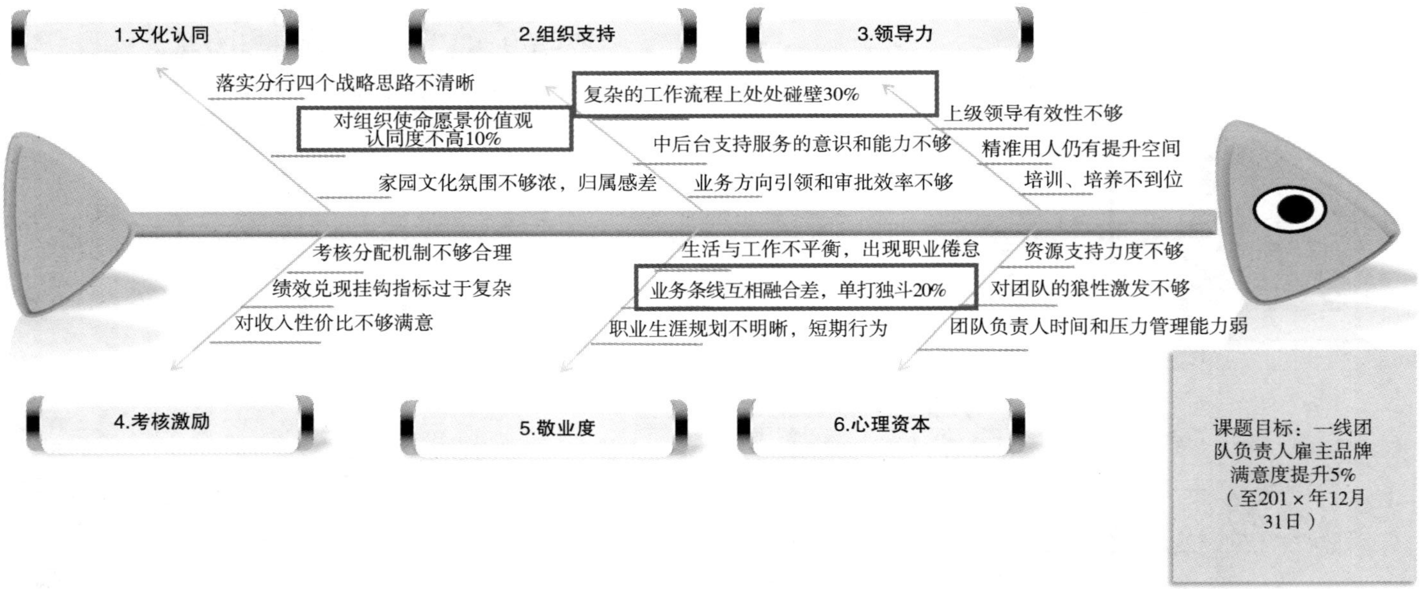

课题目标：一线团队负责人雇主品牌满意度提升5%（至201x年12月31日）

鱼骨图要素：

1. 文化认同
   - 落实分行四个战略思路不清晰
   - 对组织使命愿景价值观认同度不高10%
   - 家园文化氛围不够浓，归属感差

2. 组织支持
   - 复杂的工作流程上处处碰壁30%
   - 中后台支持服务的意识和能力不够
   - 业务方向引领和审批效率不到位

3. 领导力
   - 上级领导有效性不够
   - 精准用人仍有提升空间
   - 培训、培养不到位

4. 考核激励
   - 考核分配机制不够合理
   - 绩效兑现挂钩指标过于复杂
   - 对收人性比不够满意

5. 敬业度
   - 生活与工作不平衡，出现职业倦怠
   - 业务条线互相融合差，单打独斗20%，短期行为
   - 职业生涯规划不明晰

6. 心理资本
   - 资源支持力度不够
   - 对团队的狼性激发不够
   - 团队负责人时间和压力管理能力弱

识别要因：文化认同、组织支持、领导力、考核激励、敬业度、心理资本

要因一（百分比）：复杂的工作流程上处处碰壁30%
要因二（百分比）：业务条线互相融合差，单打独斗20%
要因三（百分比）：组织使命愿景价值观认同度不高10%

六、策略共创

6.1 团队达标率

策略选择	策略1：提升专业能力	策略2：提升团队能力	策略3：提升敬业度
A 优先去做	1. 提升招聘引进团队负责人的质量（人对了，事就对了）。 2. 安排分行领导带督导组到挂钩中心支行指导帮扶，开展SWOT（S优势，W劣势，O机会，T威胁）诊断分析。 3. 安排产品经理挂钩不达标团队下沉帮扶，分析业务痛点建立客户沙盘。 4. 创建学习型创新型组织，建立量身定做的专业知识和产品流程培训机制。	1. 提升团队负责人领导力。 2. 补齐配强团队成员。 3. 建立完善内部竞争激励机制。	1. 加强家园文化建设。 2. 强化二线为一线服务，提供高效的中后台支持。 3. 提供职业发展规划。
B 可以去做	学习系统内外标杆做法。	1. 加强团队拓展训练，提高团队协同作战能力。 2. 探索成立分行战略客户中心直营的敏捷型高效团队。	
C 审慎去做			
D 最好不做	建立团队负责人到专业部门跟班学习制度。		建立互相尊重的上下级关系。

6.2 一线团队负责人主动流失率

策略选择	策略1：提升业绩达标率	策略2：加强组织支持	策略3：拴心留人
A 优先去做	1. 从源头上严把引进招聘团队负责人的质量关。 2. 安排分行班子成员带信审人员和产品经理等人挂钩下沉帮扶，开展SWOT（S优势，W劣势，O机会，T威胁）诊断分析，分析业务机会，建立量身定做的专业知识和产品流程培训机制。 3. 创建学习型创新型组织，建立量身定做的专业知识和产品流程培训机制。	1. 深化流程银行改革，核心是落实流程优化，优化分行的组织架构。 2. 强化二线为一线服务，提供高效的中后台支持。 3. 建立定收集和反馈解决基层的问题反映和意见建议机制。	1. 加强家园文化建设。 2. 提供职业发展规划。 3. 优化考核激励机制。 4. 合理提高薪酬福利水平。
B 可以去做	1. 提高条线"混序"经营和团队协同作战能力。 2. 学习系统内外标杆做法。	提升分行各级管理干部的领导力。	建立互相尊重的上下级关系。
C 审慎去做	把历年节余的财务资源用在当下团队建设。		
D 最好不做	建立团队负责人到专业部门跟班学习制度。		

6.3 团队负责人敬业度

策略选择		策略1：加强组织支持	策略2：提升敬业度	策略3：提升文化认同度
A优先去做		1.深化流程银行改革，优化分行组织架构，核心是落实流程优化和问题导向，建立收集基层的问题反映和意见建议机制。 2.强化二线为一线服务，提供高效的中后台支持。 3.安排分行班子成员带信审人员和产品经理等人挂钩下沉帮扶，建立阵地战客户沙盘。	1.提升引进招聘团队负责人的质量，引导兴业文化志同道合的人才。 2.深化发展模式改革，核心是推进三大条线的"混承"经营。 3.建立完善内部竞争考核激励机制。	1.加大兴业文化及总分行战略、愿景和价值观的宣贯。 2.加强家园文化建设。 3.提供职业发展规划。
B可以去做		1.提升分行各级管理干部的领导力。 2.学习系统内外标杆做法。	1.创建学习型创新型组织，建立量身定做的专业知识和产品流程培训机制。 2.加强团队拓展训练，提高团队协同作战能力。	建立互相尊重的上下级关系。
C审慎去做		把历年节余的财务资源用在当下团队建设。		
D最好不做			建立团队负责人到专业部门跟班学习制度。	

七、计划制定与行动落地

7.1 团队达标率

策略 1：提升专业能力　　负责人：分行各业务条线及人力资源部门负责人

序号	行动措施	P 评价标准	责任人	起止时间	D 实施情况	C 差异分析	A 后续应对
1	提请招聘引进团队负责人的业绩门槛及重点关注其敬业度和专业能力。	重点考察过往任职经历、学历、专业水平及业绩情况和是否与兴业文化志同道合。	人力资源部总经理和各条线负责人。	201×.6.30—201×.12.31	7月，分行进一步明确了招聘标准和业绩门槛要求，建立人力资源沙盘，完善招聘流程。	分行和中心支行人力资源沙盘数据不完整。	继续补充完善。
2	建立落实分行领导挂钩帮扶督导制度，对不达标团队逐一开展SWOT（S优势，W劣势，O机会，T威胁）诊断分析，安排产品经理挂钩下沉帮扶，建立客户沙盘及"双十"客户。定期召开产经营和业务分析会。	落后团队100%帮扶，团队达标率得到提升。	分行领导和各业务条线负责人。	201×.6.30—201×.12.31	分行每月分条线召开生产经营和业务分析会，每季度召开表彰会。分行党委委员分头到各区域中心支行分行千亿元投放计划落实，要求各经营机构和团队建立客户沙盘及"双十"客户。	分行和区域中心支行和各支行（业务团队）业务和客户沙盘数据不完整。	继续补充完善客户沙盘，对团队业绩情况进行跟踪和提示。

续表

序号	P 行动措施	评价标准	责任人	起止时间	D 实施情况	C 差异分析	A 后续应对
3	建立量身定做的专业知识培训机制,落实持证上岗和牌照管理制度。定期举办"企金大讲堂""零售大讲堂"和"金市小课堂"培训。	培训覆盖率95%,定期测试通过率90%。	人力资源部培训主管和各条线负责人。	201×.6.30–201×.12.31	分行先后举办了兴火燎原企金总监和客户经理的全覆盖培训。还定期(每周一次)举办"企金大讲堂""零售大讲堂"和"金市小课堂"培训。	定期测试通过率未达到90%。	下一步继续抓好针对性培训,并提高测试通过率。
4	学习系统内外标杆做法,分行领导带队到系统内标杆取经、内外部优秀营销案例借鉴。	学习内外标杆案例取得良好效果。	各业务条线负责人。	201×.6.30–201×.12.31	10月,北京分行领导分别带队到南京和广州分行取经。分行三大条线萃取了一批优秀营销案例。	企金、金市和零售条线进度参差不齐。	优秀营销案例机构下发经营分行并上传总行"兴知"和北京分行微信学院,加强线上学习分享。

策略2：提升团队能力　　负责人：分行人力资源部门及各条线负责人

序号	行动措施	P 评价标准	责任人	起止时间	D 实施情况	C 差异分析	A 后续应对
1	开展团队负责人领导力提升的培训，下发通知要求学习总行"兴知"上所有领导力微课。	培训覆盖率95%，培训效果明显。	人力资源部培训主管。	201×.6.30—201×.12.31	选送部分支行长参加总行的星蓝雅琢领导力培训；组织一线团队负责人学习"兴知"上9门领导力课程。分行总监培训把领导力作为培训内容之一。	少数团队负责人学习领导力课程不够积极。	加强组织发动和考核。
2	补齐配强团队成员，组织协同作战和阵地营销。成立分行客户中心直营团队，实行战略客户和细分领域的重要客户和新兴客户扫盲、拓展和维护。	团队90%补齐配强团队成员，树立团队整体作战和阵地营销的意识。	各业务条线负责人。	201×.6.30—201×.12.31	9月份分行人力部门会同业务条线团队把所有一线团队的缺编情况进行摸底和分析，并有针对性安排对外招聘引进客户经理等和内岗调整充实营销队伍，提升营销人员在全员中的占比。	外部招聘引进需要时间周期。	继续做好外部招聘和内部培养工作。
3	实行奖惩机制，落实撤并长期不达标团队。	撤并出保护期不达标团队70%。	各业务条线负责人。	201×.6.30—201×.12.31	业务条业管部对保护期的团队进行考核，每季度对业绩指标进行反馈，对突出的每季度业绩进行表彰通报，对即将出保护期仍未达标的团队负责人进行约谈，对出保护期仍未达标的团队先进行书面告知警示和帮扶，撤并调整了已经帮扶达标降距比较大的3个团队，3名团队总监敬降职为副总监和客户经理。	不达标团队的帮扶力度需进一步加强。	继续落实奖罚激励机制。

策略 3：提升敬业度　　负责人：分行工会和人力资源部门负责人

序号	行动措施	P 评价标准	责任人	起止时间	D 实施情况	C 差异分析	A 后续应对
1	对新引进团队负责人进行兴业家园文化、分行战略、愿景和价值观宣贯。	宣贯率100%。	人力资源部和办公室负责人。	201×.6.30–201×.12.31	每个季度对上个季度新引进的员工（含团队负责人）进行一次企业文化（战略、愿景、价值观）、业务流程和合规风险培训。	培训覆盖率90%左右，没达到预期目标。	继续落实和提升。
2	发挥各级领导和工会组织作用，对一线负责人进行慰问。	家访率90%。	各级领导和工会组织。	201×.6.30–201×.12.31	9月，分行人事监察部对各区域中心支行家访情况进行检查和通报，指导督促落实。	对一线团队负责人的家访覆盖率达到预期目标。	继续落实和提升。
3	加大中后台支持力度，如简化流程、提高审批效率。	审批时间缩短10%，对中后台支持满意度调查提高10%。	各中后台部门负责人。	201×.6.30–201×.12.31	10月16日，北京分行"问题导向系统"开始上线运营，真正打通了一线反馈发声的渠道，全面调动全分行发现问题、提出问题、解决问题的热情。各级经营机构、分行各部门将每周通过系统上报一定数量的问题，由办公室统一协调分行各部门尤其是中后台解决。	审批效率和一线对中后台的满意率明显提升。	问题导向常态化，形成机制。
4	对团队负责人进行职业规划和培养。	达标团队负责人任支行行长比例为60%。	党委班子。	201×.6.30–201×.12.31	分行按照团队总监-支行行长-支行行长-区域中心支行行长等对一线团队负责人进行职业规划和培养。	目前北京分行达标金团队负责人任支行长的比例超过60%，2名优秀金市团队总监走上区域中心支行副行长领导岗位。	职业规划清晰化，人才培养常态化。

7.2 一线团队负责人主动流失率

策略1：提升业绩达标率　　负责人：分行领导及各业务条线负责人

序号	行动措施	评价标准 P	责任人	起止时间	实施情况 D	差异分析 C	后续应对 A
1	提高招聘引进团队负责人的业绩门槛，专业能力和敬业度。	重点考察应聘者过往任职经历及业绩情况和是否与兴业文化志同道合，提升出保护期团队负责人的达标率。	分行人力资源管理部总经理和各业务条线负责人。	201×.6.30-201×.12.31	9月以来，分行进一步明确了招聘标准和业绩门槛要求，并对应聘者的预引客户进行核对和分析，建立人力资源沙盘，完善招聘流程。	分行和中心支行人力资源沙盘数据不完整。	继续补充完善。
2	建立落实分行班子带部门人员挂钩帮扶督导制度，落实阵地战略和建立客户沙盘图"四表一图"和客户沙盘。	分行帮扶督导制度落实，机制常态化，客户覆盖率明显提升。	分行领导及各业务条线负责人。	201×.6.30-201×.12.31	分行每月分条线召开生产经营和业务分析会，分行党委每季度召开表彰会。分行党委中心支行分头到区域督导调研，诊断和帮扶，督导分行千亿元投放计划落实，要求各经营机构和团队建立客户沙盘及"双十"客户。	分行和区域中心支行各支行（业务团队）业务和客户沙盘数据不完整。	继续补充完善客户沙盘，对团队业绩情况进行跟踪和提示。
3	深化发展模式改革，核心是推进三条线的"混承"，实施人员混承、分配混承、客户混承、营销混承、经营混承。实行考核奖惩激励机制，落实末位淘汰。此外，加强团队负责人轮训。	人员链条、客户链条、业务链条全面延伸与良性互动，经营业绩全面提升。撤并部分不达标团队。	分行领导及各业务条线负责人。	201×.6.30-201×.12.31	7月以来，分行积极探索公私联动业绩互折的"混承"经营模式，对出保护期仍未达标的团队先进行书面告知警示和帮扶，撤并调整了经营差距比较大的团队。	不达标团队的帮扶力度需进一步加强。	继续落实和提升。

附　录　实践课题：如何激发一线团队负责人的内生动力？　203

策略2：加强组织支持　　负责人：分行领导及各部门负责人

序号	行动措施	P 评价标准	责任人	起止时间	D 实施情况	C 差异分析	A 后续应对
1	深化流程银行改革，全面梳理优化组织架构，对各项规章制度，对不合时宜的及时废止，对流程繁冗的甄别优化，对规定不清晰的限期整改。	重点考察流程简化和效率及业绩提升情况，一线员工的工作满意度是否提升。	分行领导	201×.9.1－201×.12.31	10月，分行进一步优化了组织架构。根据总行分行有关通知精神，撤并了投行与金融市场北京分部，把同业业务部改为同业客户部。把网络金融部从交易银行部的二级部门独立出来成为分行直属部门，二级部。同时进一步梳理分行的业务流程和制度，提高审批和签转效率。分行还积极探索产品部门为客户部门服务的分行直属客户中心加直属敏捷型高效团队的组织形态。	一些制度和流程以及签效能仍有改进和提升空间。	继续抓工作落实和效能提升。
2	提供高效的中后台工作、智力和资源支持，让一线团队负责人随时能呼叫"炮火"支援。	二线服务一线的意识和能力是否提升。	分行各部门负责人	201×.9.1－201×.12.31	分行大力倡导二线服务一线、全员服务客户的理念。分行党委带领业务管理部门和中后台部门负责人到经营机构和业务团队调研，倾听基层的声音，并现场办公解决问题。	二线服务一线的意识明显提升。	继续落实和提升。
3	建立收集基层的问题反映和意见建议机制，广开言路，并责成相关部门限期整改。	一线提意见建议的发声渠道是否畅通，广泛，问题是否及时反馈和解决。	分行领导	201×.9.1－201×.12.31	10月16日，北京分行"问题导向系统"开始上线运营，真正打通了一线反馈发声的渠道，全面调动全分行发现问题、提出问题、解决问题的热情。各级经营机构、分行各部门将每周通过系统上报一定数量的问题，由办公室统一协调分行各部门尤其是中后台解决。	一线提意见建议的发声渠道畅通，问题反馈及时，但有一些问题解决需要时间过程。	问题导向常态化，形成机制。
4	举办团队负责人培训把领导力培训作为必修课。此外，学习系统内外标杆做法，内外部学习优秀案例借鉴。	分行各级管理干部领导力培训覆盖率明显提升。此外，萃取借鉴学习内外标杆案例。	人力部领导和各业务条线负责人。	201×.6.30－201×.12.31	分行在举办团队负责人培训时把领导力作为其中一课。分行还下发通知要求学习总行"兴知"上的9门领导力微课。10月，分行领导带队到南京、广州分行学习取经。各业务条线收集编写了优秀案例并下发给经营机构。	一抓领导力培训和微课学习的覆盖率有待进一步提升。	一抓学习，二抓成果转化。

策略3：拴心留人　负责人：分行各条线及人力资源部门负责人

序号	行动措施	P 评价标准	责任人	起止时间	D 实施情况	C 差异分析	A 后续应对
1	对新引进团队负责人进行兴业文化、战略、愿景和价值观宣贯。	宣贯率100%，企业愿景价值观认同度明显提升。	人力资源部和办公室负责人。	201×.6.30–201×.12.31	对第三季度新引进的员工（含团队负责人）进行一次企业文化和合规风险培训，重点对兴业银行流程单、拼搏、共享，合规的企业文化和分行的战略、愿景和价值观进行宣贯。	培训覆盖率90%左右，没达到预期目标。	继续落实和提升。
2	发挥各级领导和工会组织作用，大力开展企业文化活动，对一线负责人家访慰问，增强组织凝聚力。	分行各级工会组织健全，文体活动经常，员工身心健康，家访率90%。	各级领导和工会组织。	201×.6.30–201×.12.31	分行建立健全了各级工会组织，并积极组织开展各种企业文化活动。各区域中心负责人对一线负责人进行家访慰问。	家访率尚未达到预期。	继续落实和提升。
3	对团队负责人进行职业规划和培养。	干部晋升实行能上能下，业绩优先，兼顾能力匹配。达标支行行长责人任比例为60%。	分行党委和各中后台部门负责人。	201×.6.30–201×.12.31	分行按照团队总监—支行行长—区域中心支行行长等对一线团队负责人进行职业规划和培养。	目前北京分行达标企金团队负责人比例支行长超过60%，2名优秀金市团队总监走上区域中心支行副行长领导岗位。	职业规划清晰化，人才培养常态化。
4	建立良好的上下级关系。	企业内部关系简单，效率高。	分行各级负责人。	201×.6.30–201×.12.31	积极倡导简单和谐的上下级关系，形成了"风正气顺、人和业兴"的良好风气。	上下级关系没有最好，只有更好。	日积月累，久久为功。

7.3 团队负责人敬业度

策略1：加强组织支持　　负责人：分行领导和各部门负责人

序号	P 行动措施	评价标准	责任人	起止时间	D 实施情况	C 差异分析	A 后续应对
1	深化流程银行改革，全面梳理各项规章制度，对不合时宜的及时废止，对流程繁冗的甄别优化，对规定不清晰的限期整改。	重点考察流程化和效率及业绩提升情况，一线员工的工作满意度是否提升。	分行领导和各部门负责人。	201×.6.30–201×.12.31	10月，北京分行进一步优化了组织架构。根据总行的有关通知精神，撤并了投行与金融市场北京分部，把同业交易银行部的二级部改为同业客户部。把网络金融部从交易银行部的二级部独立出来成为分行直属的二级部。同时进一步梳理分行的业务流程和制度，提高审批和签转效率。分行还积极探索产品部门为客户部门服务的分行直属敏捷型高效团队的组织形态。	一些制度和流程以及签办效能仍有改进和提升空间。	继续抓工作落实和效能提升。
2	提供高效的中后台工作、智力和资质支持。让一线团队负责人随时能呼叫"炮火"支援。	二线服务一线的意识和能力是否提升。	分行各部门负责人。	201×.6.30–201×.12.31	10月16日，北京分行"问题导向系统"开始上线运营，真正打通了一线反馈发声的渠道，全面调动全分行发现问题，提出问题及时反馈。各级经营机构、分行各部门将每周通过系统上报一定数量的问题，由办公室统一协调分行各部门尤其是中后台解决。	一线意见建议的发声渠道畅通，问题及时反馈，但有些问题解决需要时间和过程。	问题导向常态化，形成机制。
3	建立落实分行班子带队部门人员挂钩带扶督导制度，落实机制常态化、客户覆盖率明显提升。	分行帮扶督导制度落实，机制常态化、客户覆盖率明显提升。	分行领导和各业务条线负责人。	201×.6.30–201×.12.31	分行每月分条线召开生产经营和业务分析会。分行党委委员分头到各区域中心和支行调研、帮扶，督导分行千亿投放计划落实，要求各经营机构和团队建立"四图一表"及"双十"客户。	分行和区域中心、支行和各支行（业务团队）和客户沙盘的数据不完善。	继续补充完善客户沙盘，对团队业绩情况进行跟踪提示。

续表

序号	行动措施	P 评价标准	责任人	起止时间	D 实施情况	C 差异分析	A 后续应对
4	举办各级管理干部培训把领导力培训作为必修课。此外，学习系统内外标杆做法，内外部优秀案例萃取借鉴。	分行各级管理干部领导力培训覆盖率明显提升。此外，学习系统内外标杆做法，内外部优秀案例萃取借鉴取得明显效果。	人力部领导和各业务条线负责人。	201×.6.30-201×.12.31	分行在举办团队负责人培训时把领导力作为其中一课。分行还下发通知要求学习总行"兴知"上的9门领导力微课。10月，分行领导带队到南京、广州分行学习取经。各业务条线收集编写了优秀案例下发给经营机构。	领导力培训和微课学习的覆盖率有待进一步提升。	一抓学习提升，二抓成果转化。

策略2：提升敬业度　　负责人：分行领导和各条线负责人

序号	行动措施	P 评价标准	责任人	起止时间	D 实施情况	C 差异分析	A 后续应对
1	深化发展模式改革，核心是推进三大条线的"混承"经营，实施人员混承、分配混承、客户混承、营销混承、考核混承。	人员链条、客户链条、业务链条全面延伸与良性互动，经营业绩全面提升。	分行领导和各部门负责人。	201×.6.30–201×.12.31	9月以来，北京分行积极探索公私联动三大条线业绩互算的"混承"经营模式，打通条线壁垒，明确承揽、承做业绩分成的考核管理办法。	分行三大业务线和计划财务部混承考核管理办法仍在修订中。	不断探索和完善。
2	提高招聘引进团队负责人的业绩门槛，重点关注专业能力和敬业度。	重点考察应聘者过往任职经历及业绩情况和是否与兴业志同道合。提升引进保护期团队负责人的达标率。	分行人力部总经理和各业务条线负责人。	201×.6.30–201×.12.31	9月以来，分行进一步明确了招聘标准和业绩门槛要求，并对应聘者的预引客户进行核对和分析。建立人力资源沙盘，完善招聘流程。	分行和中心支行人力资源沙盘数据不完整。	继续补充和完善。
3	实行考核奖惩激励机制，落实未位淘汰。此外，加强团队负责人轮训。	是否撤并部分不达标团队。团队负责人的敬业度是否提升。	分行人力部总经理和各业务条线负责人。	201×.6.30–201×.12.31	业务条线业管部对保护期的团队进行考核，每季度对业绩情况进行反馈。对业绩突出的团队，每季度对业绩进行表彰通报，对即将出保护期仍未达标的团队负责人进行约谈。对出出保护期未达标团队负责人和成员进行书面告知警示和帮扶。对团队负责人先进行针对性的培训。撤并调整了经帮扶业绩差距比较大的3个团队，3名团队总监被降职为副总监和客户经理。	不达标团队的帮扶力度需进一步加强。	继续落实奖罚激励机制。

策略3：提升企业文化认同度　负责人：分行领导、工会和人力资源部门负责人

序号	行动措施	P 评价标准	责任人	起止时间	D 实施情况	C 差异分析	A 后续应对
1	对新引进团队负责人进行兴业文化、战略，愿景和价值观进行宣贯。	宣贯率100%，企业战略愿景价值观认同度明显提升。	人力资源部和办公室负责人。	201×.6.30—201×.12.31	对上季度新引进的员工（含团队负责人）进行一次企业文化、规风险培训，重点对业务流程和合规银行业兴博、共享，合规的企业文化和总、分行的战略、愿景和价值观进行宣贯。	培训覆盖率90%左右，没达到预期目标。	继续落实和提升。
2	发挥各级领导和工会组织作用，大力开展企业文化活动，对一线负责人进行家访慰问，增强组织凝聚力。	分行各级工会组织健全，文体活动经常，员工身心健康，家访率比例超过90%。	各级领导和工会组织。	201×.6.30—201×.12.31	分行建立健全了各级工会组织，并积极组织开展各种企业文化活动，各区域中心负责人对一线负责人进行家访慰问。	家访率尚未达到预期。	继续落实和提升。
3	对团队负责人进行职业规划和培养。	干部晋升实行能上能下，业绩优先，兼顾能力匹配，达标支行行长任职比率超过60%。	各中后台部门负责人。	201×.6.30—201×.12.31	分行按照团队总监—支行长—区域中心支行行长—区域中心支行行长等对一线团队负责人进行职业规划和培养。	目前北京分行达标金团队负责人任支行长的比例超过60%，2名优秀金市团队总监走上区域中心支行副行长领导岗位。	职业规划清晰化、人才培养常态化。
4	建立收集基层的问题反映和意见建议机制，广开言路，并责成相关部门限期整改，建立良好的上下级关系。	一线提意见建议的发声渠道是否畅通，问题是否及时反馈和解决。	分行办公室和相关部门负责人。	201×.6.30—201×.12.31	10月16日，北京分行"问题导向系统"开始上线运营，真正打通了一线反馈发声的渠道，全面调动全分行发现问题、提出问题、解决问题的热情，各级经营机构、分行各部门将每周通过系统上报一定数量的问题，由办公室统一协调分行中后台予以其是中后台合力解决。	一线提意见建议的声渠道畅通，问题及时反馈，但有些问题解决需要时间和过程。	问题导向常态化，形成机制。

结语

本课题为《如何激发一线团队负责人的内生动力》，主要选取了三个衡量维度加以分析和明确目标：不达标的团队负责人占比从××%降到××%；一线团队负责人年化主动流失率从×%降到×%；一线团队负责人雇主品牌满意度从××%提升到××%。诚如课题开篇所言，市场的竞争，某种程度就是人才的竞争，要在半年时间内快速实现以上三个目标，其核心问题在于如何吸引人、培养人、留住人，为想干事、能干事的人创造好的平台环境。针对如何选好人才、留住人才、用好人才这一核心问题，课题中给出了许多解决途径与方案，并在201×年×月开始进行了实践。我们以"文化留人、制度留人、事业留人、待遇留人、价值留人"为指导思想，按照分行党委"理清思路、明确目标、选人用人、强化考核"的指导方针，将具体措施进行分门别类细化。如把好进人关提高招聘质量，更重视业绩门槛和志同道合。优化分行组织架构和工作流程，强化二线为一线服务，中后台提供高效服务。修订三大条线"混承"经营的考核管理办法，打通条线的业务壁垒。积极探索产品部门为客户部门服务的分行直属客户业务中心加直属敏捷型高效团队的组织形态，实行战略客户和细分领域的重要客户和新兴客户扫盲、拓展和维护。建立量身定做的专业知识培训机制，落实持证上岗和牌照管理制度。分行领导带队到南京和广州分行学习取经，萃取行内行优秀案例下分给一线团队。加强团队负责人轮训和领导力培训，定期举办"企金大讲堂""零售大讲堂"和"金市小课堂"培训。发挥各级领导和工会组织作用，大力开展企业文化活动和战略愿景价值观的宣贯，对一线负责人进行家访慰问，增强组织凝聚力和员工归属感。对团队负责人进行职业规划和培养，用待遇留人，用事业留人。实行考核奖惩激励机制，分行领导挂钩对经营机构调研和督导，对落后团队进行SWOT分析诊断和帮扶，落实末位淘汰，提升经营机构的整体业绩水平，分行经营业绩和在总行综合考评成绩明显提升，为北京分行201×年组织目标（业绩提升并在总行一类行综合考评第一名）达成率实现100%提供有力保障。